世界経済はこう変わる

神谷秀樹　小幡績

光文社新書

取材・編集協力　岩崎博充

目次

プロローグ

２００９年のはじめに、インターネット上に、マルクスの言葉として次のような文章が駆け巡りました。

「資本の持ち主は労働者階級に対して、高い物、住宅、そして技術をよりたくさん買うよう刺激し、高金利の借金を払いきれなくなるまで借りるようにプッシュする。労働者が支払いきれなくなった債務は、やがてそれを貸し込んだ銀行を破産に導き、破産した銀行は国有化され、そして国はやがて共産主義に至る道を歩みはじめざるを得なくなる。」

ロサンゼルス・タイムズ紙によると、これはマルクスの言葉ではないようですが、多くの人は実際にこのような危惧を抱いています。たしかに、２００８年9月のリーマンショック以降、これまでの形の一つの資本主義は、急速に崩壊への道を歩んでいます。

小幡先生と私は、世界がこのような状況に陥ることに関し、大きな懸念を持っていたということに共通点があります。

先生は「キャンサー・キャピタリズム」という単語に、また私は「強欲資本主義」という単語に、増殖を止めるという機能を失った人間の欲が牽引《けんいん》する経済を表し、それが引き起こすであろう問題に懸念を持ち、あるいは憤慨し、世に訴えることが重要だと考えました。

なぜなら、そのような経済がもたらす結果は「大恐慌」にしかならないと確信したからでした。私どもの警告書に、このような経済が必然的に起こす大恐慌を止める力があるわけでもなく、実際にそれは起こりました。

＊

大蔵官僚から慶應義塾での学生の指導へと歩まれた小幡先生と、大蔵省の役人の息子としては生まれましたが、早稲田で学び、生涯金融業についてきた私とでは、進んできた道は異なりますし、また年代も私が50代で、少々息切れしているのに対し、先生は40代で、今最も旬な状況と、置かれている状況は若干異なります。その異なる二人が、期せずして、同じ問題に社会の中で出っくわし、それぞれに本を書き、そして今回対談することになりました。

終わってみて、非常に愉《たの》しい対談でした。われわれはお互いに「新しい社会を築こう」と思う同志だと感じました。そして自分たちが考えることを世にキャンペーンして行こうということで意気投合しました。

異なる二人が、本対談でどうして意気投合し、大いに張り切ることになったのか、ぜひ本書を読み進んでみてください。

われわれは大恐慌がすでに来ているという認識を持っています。それを乗り越えるには、まだまだ厳しい道が待っていると考えています。しかも現在アメリカや日本政府が打ち出している長大な財政支出には、たいへん大きな懸念を抱いています。将来を悲観すべきことばかりです。

しかし、私たち二人は今むしろ元気一杯で張り切っています。大きな希望を持っています。特に日本の将来については。ただしこれを実現するには、これからたくさんの同志を募らなければなりません。老若男女問わず、すべての日本人の方に呼びかけたいと思います。

それでは、まず「今起こっていること」。それをまずわれわれ自身の目で、よく見てみましょう。

そして、自分たちの心が一体何を感ずるのか、素直に自分の心に問いかけてみましょう。さらに、どのような社会を構築したいのか、人を真似するのではなく、自分たちの頭で考えてみましょう。そして自分たちでデザインしましょう。

先生と私がみなさんに呼びかけたいことはそんなことです。

自然環境を大事にすると同時に「社会環境を整備すること」にも努めましょうよ、ということでも先生と同意しました。これもみなさんに呼びかけたいことです。本書をお読みになった後、細かい点にご異論がたくさんあったとしても、もし読者諸氏に、「私もこのキャンペーンを一緒にやりたくなった」と思っていただければ、本書は大成功です。

「そのキャンペーンとは何ですか?」って?

それは、「みなさん一緒になって日本でルネサンス（人間復興という運動）を起こそうよ」というキャンペーンです。ひとつ貴方も乗ってください。

神谷　しるす

PART 1
最悪のシナリオは実現するのか？

1929年、ウォール街の株価大暴落に端を発した世界恐慌の最中、ニューヨークで生活物資の配給に列を作る人々。

1930年代の世界恐慌よりもひどい状況

小幡　神谷さんは、ニューヨークで投資銀行を経営されていますが、100年に一度といわれる今度の経済危機の震源地でビジネスを展開されていて、どんな実感をお持ちでしょうか。

神谷　私は年に数回、来日するのですが、今回（2009年1月29日）乗った飛行機の搭乗率が、エコノミーも含めてわずか10パーセントぐらいでしたね。9・11のアメリカ同時テロ事件のときよりも空席が目立ちました。やはり、大げさではなく100年に一度の経済危機といえるでしょう。

アメリカの都市の中心部でもやはり店がどんどん閉まっています。しかも、閉店した後に新しいテナントが入ってこない。

全米で、1万2000もの店舗が、2009年中にはクローズするだろうといわれています。たとえば家電量販店では、ソニーやパナソニックなどの日本製品を扱っている最大手の一つである「サーキットシティ」が、すでにチャプター・イレブン（連邦破産法11章）、いわゆる日本の民事再生法の再生手続に入って事実上倒産しました。

小売業というのは一般的にいって、売上が5パーセント落ちたら利益が出なくなり、やっていけないという業態です。シャパーイメージ、リネン&シングス等々、多くの小売業者がすでに倒産しています。また日本でも自動車製造業の苦境が伝えられていますが、アメリカではそれだけでなく、その車を売るディーラーも、ものすごいペースで消えていっています。車で街道沿いを走っていると、つぶれたディーラーが非常に目につきます。私の住んでいる町でも、１９８４年に引っ越してきたときからあった、クライスラー、キャデラック、ビュイック、ポンティアックのディーラーが、全部閉まりましたから。

小幡　日本でも、とある外資系高級ホテルの稼働率が、15パーセントぐらいだと聞きました。路面店のブランドショップでも撤退しているところがすごく増えています。一等地のファッションビルでも、お客が来ていないどころか、テナントも入っていないという状態になってきている。まさに危機的状況だといっていいのではないでしょうか。

今回の経済危機の特徴は、非常にスピード感があり、恐怖感がある点です。特に、危機を感じたのは、暴落のスピードですね。実際、リーマンが破綻《はたん》してから、立て続けにさまざまなことが起こりました。モノがある日突然パタッと売れなくなるというのは、これまで経験がないのではないかと思います。こうした経済危機で、人々が一番知りたいのは、「底」はどこなんだろう、ということだと思います。

僕自身は、経済危機は現在、第3幕の前半で、最悪の場合、第4幕までありうると思っています。

第1幕は、2007年8月のパリバショック[*1]ではじまり、これ以来、世界の金融市場が大混乱に陥りました。

第2幕の開始は、2008年9月のリーマンショック[*2]で、株や債券、商品など、あらゆる資産が暴落して金融市場は完全に機能不全に陥りました。この結果、金融機関の多くが実質的に破綻し、金融取引が成り立たなくなりました。

第3幕は、実体経済に危機が転移した段階です。現在、これが進行中です。

そして第4幕は、政府が財政破綻し、通貨が価値を失う段階です。これが、アメリカについて起きれば、世界は基軸通貨を失い、真に世界経済が崩壊します。これは、実質破綻した金融機関や、効率の悪い自動車会社などを救済するために、財政出動をしすぎた場合に起こる可能性があります。こうなると、世界経済全体がゲームオーバーになってしまいます。そんな第4幕まで行かなければいいと思っていますが、可能性はゼロではないところが怖い。

神谷　私自身は、現在の世界経済は、1929年（10月24日）のニューヨーク証券取引所での株価大暴落にはじまる世界恐慌並みの状況に、すでに突入していると思います。そのすべての過程が1合目から10合目まであるとすると、おそらくまだ2合目ぐらいで、これからまだ8合目ぶん進まなくてはいけません。ただし、登っていくというよりも転落していくイメージですが。今後、３年から5年の間は非常に厳しい、どん底に向かって行く時代になると思っています。

小幡　私もすでに「大恐慌」のさなかにあると思っています。しかし、今回は世界全体が危機となっているため、その深刻さは前代未聞のもので、１９３０年代の世界恐慌よりもひどい状況ではないでしょうか。

借金ができないから消費もできない

神谷　今回の世界的な経済危機の、その元になった金融危機というのは、これまでのものとまったく質の違う危機です。あらゆる金融商品を証券化して、世界中に流通するものとして売ってしまったわけですが、その証券化商品のバブルが崩壊して、破綻してしまったのです。法的な最終処理をするために債権者集会をやろうといったって、どこの国の誰が、どの程度の債権を持っているのかまったく分かりません。

たとえば、通常のバブルであれば、不動産にしても、債券にしても、担保となっている資産の債権者も日本なら日本という同じ国にいて、どのように処理するのかを一国の裁判所で決めればそれで確定します。その処理により、資産価格が異常な値段にまで下落すれば、市場ではまったく違った価格帯で売り買いが成立し、マーケットが形成され、そこでまた新たなビジネスが展開されていきます。

ところが、今回の証券化商品の場合、ハゲタカ・ファンドのような安いベースで買う人に対して、裁判所が取り決めたきちんとした所有権を渡して最終処理する、といったことが実質的にできません。やろうとしても時間がかかりすぎるので、まったくめどが立たない。というか、事態を収拾するための解決策が分かっている人が誰もいない状態です。

不動産金融が抱える問題にしても、通常行われるような再生のプロセスが今回はまったく通用しません。新しい投資家に所有権が移って、ゴーストタウンのようになった新興住宅地を再び人が住めるような街にし、その人がプロジェクトを完成させて、新しい値段をつけて売却する。買い手が来るようになり、その上で新しい価格がつく、ということにならない。分散してしまった所有権を一つにまとめるという問題一つをとっても、法的にたいへん困難な部分があり、膨大な時間と手間がかかるのですから。これが日本のバブルの処理と比べても非常に苦しいところです。

小幡　ふつう、金融危機のときは、企業は投資に失敗していて倒産危機に陥るところも多く、企業全体がダメになる一方、個人は、資産が不良化するということはなく、消費は、企業支出に比べれば落ち込みは少ないものです。個人消費はある程度、経済全体の危機を緩和する役割を果たすものです。ところが、アメリカは、もともと個人が多額の借金を厭《いと》わない社会で、それが今回、住宅バブルに乗っかって多額の借金による大量の消費を行っていたので、消費の減少が経済危機を加速させており、企業も個人の資産家もふつうの個人も、すべてのプレーヤーがやられてしまっています。

神谷　アメリカは、これまでGDPの7割は個人消費によるものでした。そして、その個人消費のほとんどが借金でまかなわれてきました。自動車でいえば、9割の人が借金をして買う。ローンもしくはリースという形でね。

ところが、今回の経済危機によって、消費者は自由におカネを借りることができなくなってしまったわけです。もともとは「稼ぐ前に借金して、いずれは返す」という前提の借金だったのですが、いつの間にか、住宅価格が上がることを期待して借金をし、それでプラズマテレビを買い、3台目の車を買い、ボートを買う……というぐあいに派手に浪費をしてしまった。

ところが、その期待していた住宅が、今回のバブル崩壊で値上がりしなくなってしまった。そうなると、すべてのメカニズムが狂ってしまいます。これではまったく消費が回復しないわけです。

実際に、クライスラーでは、対前年比で50パーセント以上、売上が落ちています。自動車業界全体で4割ぐらい売上が落ちた状態です。4割落ちたらどうなるのか。設備投資というのは、ピーク時の消費に合わせて整備しますから、そのぶんの設備が全部余ってくるわけです。日本だけでなく、韓国等アメリカへの輸出で食べている国、そして企業も、今、みな操業を落とさざるをえないのです。個人消費も民間設備投資も回復のメドはたっていません。

「アメリカが破産する日」の恐怖

小幡 また、1930年代の世界恐慌のときと現在とでは「スピード感」がずいぶん違うことに注意したいと思います。今回の金融危機の場合、金融機関や自動車関連では、株価がほとんどゼロになってしまった企業も多い。リーマンショックのときもそうでしたが、次はどこが危ない、という議論が起こる前に、すべての銀行の株価が暴落し、破綻した銀行を買おうとしていた銀行が翌週には救済を求める、という信じられない展開で金融市場が崩壊していきました。

そして、今回の特徴は、金融市場だけでなく、実体経済が見たこともないスピードで悪くなったことです。実体経済は、ふつうは、みるみる悪くなっても、その「みるみる」には限度がある。どんどん悪くなるといっても、１週間で破綻するわけではない。しかし、今回は、一気に悪くなりました。一人もお客が来ない。高級車は１台も、億ションは１部屋も売れない。マクロで見ても、自動車にしても何にしても、前年同期比で売上が50パーセント減少というのは尋常ではありません。これではあっという間に破綻します。債務超過かどうか議論する前に、資金繰りが詰まります。売上がなければ、どうしようもない。再建も無理です。

このスピード感は、大恐慌のときでも見られなかった。１９２９年に起きた株価の大暴落の後は、３年かけて、ゆっくりと、しかし、底なし沼に沈んでいくように悪くなっていったのです。

スピード感が、今回の危機の恐怖感を倍増させているわけですが、かえって、そのぶん、楽観的な見方をしている人もいます。金融市場では、暴落するときには一気に調整して、オーバーシュートして、そのぶん後で急速に戻る、ということがあります。むしろ、暴落のスピードが速いほうが悪材料出尽くしなどといって、回復も早いといいます。ただし、これが実体経済にも当てはまるのか。誰も体験したことがないスピードでの経済の悪化なので、誰も分からないのです。

神谷さんにぜひお聞きしたいですが、たとえば今回の金融危機の震源地の一つであるアメリカの住宅価格は、3倍、4倍になったわけですよね。ということは、住宅価格は元の3分の1、4分の1まで落ちるのか、それとも、オーバーシュートしてもっと下がるのか。現在は、統計的には20パーセント下落したところです。実売価格では、30パーセント程度の下落でしょうか。競売などでは、ピークの半値近くで売買されている場合もあるようですが、まだごく一部です。

この20パーセントの下落で底を打つはずはないのですが、では、どこまで行くかについては、日本にいてはよく分からない部分があるので、ぜひお聞きしたい。

アメリカの不動産バブルは、日本の80年代の不動産バブルとよく比較されますが、日本では、商業地は10倍になって、すぐ10分の1になっています。調整が速い。一方、住宅は、調整はゆっくりです。1990年から2003年まで13年間も調整にかかっている。これは、住宅の場合、自宅だから、価格が下がると、損を出したくないので、売ることができずにともかく住み続けて、一生懸命ローンを返すわけです。それが、調整速度を遅くしましたが、危機を緩和したのです。

アメリカの住宅ローンは、日本と違い、大半が「ノンリコース・ローン」[*3]です。ノンリコースとは、たとえば、4000万円の家をローンを組んで買った場合に、住宅が値下がりして価値が3000万円になってしまったら、家を放棄してしまえば、ローンは返さなくてもいいし、個人の信用履歴も傷つかないというものです。日本なら、自己破産するか、ローンの残りの1000万円を、3000万円で家を売った後も返し続けないといけないわけです。アメリカの場合は住宅をあきらめてしまえば、債務は残りません。

ですから、商業地並みに、アメリカの住宅地は調整が速いかもしれない。値下がりしたらみんな放棄するわけですから、それを担保処分として住宅ローンのもともとの貸し手が売り出すことで、住宅の売買は活発になる。価格も大きく下落しますから、調整のスピードは速くなります。しかし、住宅ローンもノンリコースでやっているかどうかというのは州によっても違いがあるみたいなのですが、実際はどうなのですか？

神谷　プライムで出しているところ、サブプライムで出しているところ、という具合に、州やローンの条件によって異なりますが、原則として住宅資産の範囲内でローンを組み、破綻しても物件を渡せば債務が借りた人に残らないノンリコースが主流です。

小幡　さらに、セカンドハウス、投資用の住宅の売買も今回は活発だった。これらは、買い手がつかないから、投売りとなる。日本でいうと、別荘地のマーケットみたいな感じでしょうか。日本は今、別荘マーケットのバブルが弾《はじ》けて、大変なことになっています。アメリカのサブプライムローンなどには、別荘や投資用の住宅も多かったようですから、商業用不動産と同様に、投機の反動のような動きが住宅地でも起こるかもしれませんね。

神谷　住宅価格が3割の落ち込みで止まるのか、5割の落ち込みまで行くのか、あるいは場所や物件によってはもっと落ち込んでしまうのか。これは、予言できることではないと思います。いまだ私にも底は見えてこないのです。それだけの資産価値の下落や、その結果として生まれる不良資産の処理、新たな借金ができないことによる消費の減退を全部政府が借金して埋めようとすれば、その先に待っているのは、考えたくもないですが、「アメリカが破産する日」です。残念ながら、私には今、米国政府の財政はその方向にまっしぐらに進んでいるとしか見えないのです。

資本は再び必要となる

小幡　神谷さんも『強欲資本主義　ウォール街の自爆』で書いていらっしゃるように、金融というのは、あくまでわれわれの生活を豊かにする、つまり実体経済をよくするための補助的な役割を担うものです。その金融がなぜ力を持ったかというと、ごく一部の人しかおカネを出すことができなかったので、資金がすごく貴重だったからです。近年、投資銀行、プライベート・エクイティファンド[*4]、ベンチャー・キャピタルが世界的に発展しましたが、以前は、多額の資金を出すのは、そう簡単なことではなかったわけです。ですから、おカネを出せる人は、とても貴重で、価値があった。だから、資本は力を持っていたのです。

ところが、今回の金融危機を引き起こしたバブルは、資本が余ってしょうがない、カネ余りによって起きた。余った資本をどこかで運用しなければいけなかったが、あまりに余っていて、投資先が実体経済にはもう残っていなかった。でも、資本は利益を上げて増えないといけない。しょうがないからバブルでも作って、みんなで増やすか、ということになる。結局、資本が意思を持ったかのように自己増殖する。これがバブルとなり、そして崩壊した。

資本主義には、このように資本の自己増殖本能が埋め込まれていると思います。

資本が余ってしまったというのは前代未聞のことです。資本は足りない。希少だからこそ、貴重で、力を持った。みんなが資本のいうことを聞いた。それが、資本が余る状態になってしまい、資本が力を持つ拠《よ》り所がなくなったのです。つまり、「資本主義は終わった」のです。

その余った資本の消滅過程、それが、現在のバブル崩壊、株式市場、債券市場など、ありとあらゆる金融商品市場での暴落、そして金融機関、ファンドの破綻という形として表れている。この結果、逆説的ですが、むしろ、新しく動ける資本が貴重になった。誰もが新しい資本注入を待ち望んでいます。再び、資本が貴重になったのです。

この今こそ、金融が重要なのです。新規の資本を一番必要なところに配分する金融機能が、経済全体にとって最も重要なこととなっています。問題は、資本はあるだけではダメで、資本をきちんと使いこなせる使い手、本当は、それが本物の資本家のはずですが、彼らが、資本を最も効率的に使う必要があります。経済と社会にとって、最も重要な場所に資本を投下することです。ここにこそ、経済と社会を豊かにする、神谷さんのいう強欲資本主義でない、本物の資本や資本主義が存在するはずです。

神谷　いきなり、大変な結論に行き当たってしまいましたが、私も小幡さんの意見には賛成です。今回の金融危機では、それこそ山のように、それを分析する書籍などが出版されました。雑誌や新聞も連日大騒ぎしています。けれども、そこで繰り返されている論調の中には、最も大切なものが欠けていると思っています。

というのも、まだ世間では、今回の金融危機について、諸対策により元あった形に修復可能だと思っている人が圧倒的に多く、政府も、それを大前提にして議論を展開しています。しかし、これまであった金融システムや、ウォール街が主導したアメリカ型の収益率の高いビジネスモデルは、もはや崩壊したのです。

それはもうはっきりと終わりを告げました。絶対に修復などできませんし、修復すべきでもない。ヘッジファンドも終わったし、プライベート・エクイティファンドも終わった。シティグループのようなメガバンクも、ＡＩＧ[*5]のようなメガ保険会社というのも、もう終わったんですよ。もっとも、日本の銀行や日本の某大証券のように、いまだそうしたものを追いかけているところもありますが。

この認識を最初に持つことが、今回の経済危機の実態を捉《とら》え、その先を考えるに当たって不可欠だと思います。

「公」と「私」を分けない日本社会

小幡　全面的に賛成です。これまでのアメリカ流の金融資本主義というか、そのビジネスモデルは、もうバラバラに分解してしまいました。それをもう一度組み立てようとしても、意味がない。

いきなり話は飛ぶかもしれませんが、僕は最近、公私混同という言葉がキーワードだと思っています。公私混同は悪くない、ということです。むしろ、公私一緒にしないと信用できない、それが本当だと思うのです。

たとえば、保険でいえば英国のロイズは、保険の引き受けに対し個人で責任を負う無限責任だし、ゴールドマン・サックスもついこの間までは株式会社ではなく、パートナーシップ[*6]という形で無限責任だったわけですよね。それがまったく逆のモデルとなり、株式を上場して有限責任という名の〝無責任会社〟になってしまいました。

英米の金融機関やファンドのトップは、バブルで儲かったときは、それに比例して莫大なボーナスがもらえ、辞めた後、暴落しても、その責任は問われないし、ボーナスも返さなくていい。それどころか、責任をとって辞めるときにすら、何十億円というレベルの退職金をもらえる。これは明らかにおかしい。今まで、株主、メディアは何をやってきたんだ、と誰もが思うくらい、ガバナンス不在、やりたい放題だったわけです。

日本の場合はこうはいかない。何か不祥事が起これば、法的責任がなくても、株主に退任要求を突きつけられなくても、自ら辞め、退職金は辞退する。さらに、もうとっくの昔に辞めていても、後で不祥事が発覚したら、さかのぼって退職金を返納することもある。「私」の部分に逃げ込めない。契約でも、保険でも逃げ切れない。常に世間の目にさらされていて、そのガバナンスが効いている。〝世間ガバナンス〟ですね。

これは、ある種の公私混同ですが、うまく機能する場合もありうると思っています。日本においては、すべての「私」の部分に「公」が入ってくる可能性がある。

日本社会では「私」と「公」が一体不可分なのです。公私はもともと一体ですから、混同しているという発想自体があやまりなのです。しかし、一方、「公」の範囲は、西欧社会でいう public とはかなり違います。袖振り合うも多生の縁で、縁のない人々や社会は「公」には入りません。「公」とは会社とか、町内とか、同郷、同窓、そういった範囲内です。一番広い場合でも「世間」です。

だから、社員のクビを切って、自分はボーナスと退職金をしこたまもらう、ということはできません。「世間」は、「公」という概念としては一見、狭く見えますが、「私」が存在しないとすると、「世間」という名の「公」と一体となって暮らしていくのは、かなり緊張感があります。

一方、アメリカでは、「私」が確立しているから、その部分に逃げ込んでしまえば、誰からも責められない。それなら逃げたほうが合理的だと思ってしまうわけです。それゆえ、さまざまな契約を工夫して、逃げられないように縛るという工夫がされる場合も多い。

たとえば、ヘッジファンドなどのように、一定の水準以下に下落してしまうと、それまでに儲かって、その分け前としてもらった部分を返さなきゃいけないシステムになっているケースもありますよね。その場合は、今だと大変なことになっていると思いますが、どうなっているんでしょう。

神谷　いったん下落したら、価格が戻るまでの時間が長いから、ヘッジファンドのマネージャーは、そのままほったらかしてやめてしまうんですよ、結局は。私自身、上場株については、2007年末に全部売りましたが、一つだけ売れずに還《かえ》ってきてないものがあります。それはヘッジファンドに投資した資金。2007年末に解約するといったら、まず「連絡が遅かったのでダメ。来年まで待て」と。そこで２００８年の末に、返してくださいと注文を出したのですが、まだ一部しか還ってこない。最後の部分が還ってくるのは、解約通知を出して11カ月後の今年（２００９年）の９月になるとのことです。

そういう意味では、今は、みんな止まっています。それは、すべてのヘッジファンドが一斉に解約され、株式が市場で処分されえたとするなら、市場はますます崩壊に向かうので、秩序立てて売りたい、ということでしょうが、いずれにしてもヘッジファンドに運用させた資金はなかなか還ってこない状況です。

小幡　本来、投資銀行というのは、ヘッジファンドとは違いますよね。ヘッジファンドより、投資銀行ははるかに高度に知的な職業だと思われているし、ギャンブルするようなリスクをとるのではなく、新しい金融の仕組み、資金調達の仕組みを提案することによって、ギャンブルでなく、知的生産で勝負しているはずでしたよね。

神谷　いや、そうでもないですよ。ゴールドマン・サックスも〝世界最大のヘッジファンド〟といわれているぐらいですから（笑）。それにクレジット・デフォルト・スワップ[*7]の８割は投機目的の取引だったといわれています。法律でこれを「ギャンブル」の領域からはずしてしまった。公的ギャンブルではなく、一般の金融機関や事業会社が参加できるようにしたので、彼らは規制もない市場で好きなだけ賭けた。勝負の相手はたとえばＡＩＧ。ＡＩＧを救済した資金１７００億ドルのうち、５００億ドルはＡＩＧからゴールドマン他の投資銀行に支払われたと報道されています。こうした博打《ばくち》商売が盛んになったのは、ゴールドマンの場合は、１９９９年の株式市場公開後ですけどね。

小幡　ごく最近のことなんですよね。

すべては「グラス・スティーガル法」の撤廃からはじまった

神谷　私が、ゴールドマン・サックスに入社した１９８４年当時は、まさに小幡さんがおっしゃったように「非公開のパートナーシップ」の会社でした。日々の経営にあたっている「ジェネラルパートナー」は、まさにリコース（無限責任）を負って経営していました。

会社の債務に関して個人として無限責任を負うわけですから、当然、リスクの取り方にはある程度の制約があります。ですから、資本金をばんばん使って稼ぐよりも、頭と人脈を使って稼ぎなさい、という方法のビジネスモデルが中心でした。同じ１ドルを稼ぐのにも、資本金をリスクにさらして稼ぐのと、リスクにさらさないで稼ぐのとでは、まったく価値が違う、という雰囲気がありました。リスクにさらさないことが、優れているとみなされた時代でしたね。

そもそもアメリカの銀行システムというのは、１９３３年に制定された「グラス・スティーガル法」という、銀行業務と証券業務を明確に分ける法律の下にありました。それが、１９９９年、クリントン政権で、ゴールドマン・サックス会長から転じたボブ・ルービン＊8が財務長官のときに、ＧＬＢ法（グラム・リーチ・ブライリー法）が制定され、銀行と証券の分離条項が廃止されました。欧州の銀行がユニバーサル・バンクという銀証併営であったのに対し、米銀はハンデを負っているという認識があったからです。しかし、この規制の撤廃により、銀行（商業銀行）と証券（投資銀行）が、同じ土俵で競わなければいけないことになってしまったわけです。

しかも、それまで、商業銀行は「州際銀行法」の範囲内で、たとえばバンク・オブ・アメリカは基本的にカリフォルニアの銀行、シティバンクはニューヨークの銀行という具合に、業務地域を区分されていたのが、州際銀行法が改正され、全米エリアで展開することになってしまいました。商業銀行が全米規模のスケールで営業をはじめたわけです。

そうすると、当然ながら投資銀行も大きくならなければなりません。要するに、グラス・

スティーガル法の撤廃と州際銀行法の改正という2つによって、「銀行の巨大化」という事態が起こってしまったわけです。こうなると、とてもパートナーシップではやっていけませんから、株式会社化して無限責任から有限責任に変わろうとします。有限責任であれば、他人のおカネも大規模に使えるようになりますからね。

しかし、有限責任とはイコール「無責任経営」のことです。有限責任になることで、それぞれの経営者が好き放題やるようになってしまった、といわざるをえません。

ボブ・ルービンは政府の要職を務めていたときにこうした法改正をすると、今度は退職してシティグループに移り、さんざん拡大政策をとらせたわけです。そして彼も1億ドルを超える報酬を得た。結果は今回の破綻です。シティグループの時価総額は、ピークの2700億ドルから、株価が2ドルを切って70億ドルまで低下した。しかしボブを含め、これまでの経営者の誰一人として責任もとらなければ持ち出した報酬も返そうとしません。みんなこぞって「今日の得は僕のもの、明日の損は君、すなわち株主や納税者のもの」ということをやった。

小幡　すべては1999年のグラス・スティーガル法と州際銀行法の実質的撤廃からはじまった、というわけですね。

神谷　そのとおりです。あれから、商業銀行も投資銀行も過度の拡大競争時代に入ってしまったのです。

分かりやすくいえば、彼らにとって、バランスシート上わずかな自己資金以外の残りは全部他人の資金ですからね。他人のおカネだから、無限にリスクをとってもかまわない。ヘッジファンドにしても、自分のおカネではないですから。

しかも、ヘッジファンドのすごいところは、自分のおカネは1パーセントぐらいで他人のおカネが99パーセント、そんなときでも、儲けの2割は自分のものになる仕組みを作ってしまったことです。で、儲からなかったときは、顧客に運用の残りカスを渡して終わりです。

私が、常々いっている「今日の得は僕のもの、明日の損は君のもの」というビジネスを堂々とやってきたわけです。

小幡　神谷さんが批判されている概念ですね。

神谷　この価値観が、すべての金融業務の中に徹底されてしまったわけです。

しかし、今回の経済危機によって事情は大きく変わりました。１８０度転換したといっていいと思います。ただし、これから新しい金融システムを作るにしても、どうやって金融機関が儲かるビジネスモデルを見つけていくのか、これは非常にむずかしい課題だと思います。

誰もまだ、今回の経済危機が終わった後の金融機関のビジョンを描いていないでしょうが、もしも「今日の得は僕のもの、明日の損は君のもの」になりやすい証券化システムを継続したいのであれば、証券化しても最初に引っかかることとなる最劣後した証券（債務弁済の順位が最後になる社債のこと）の一部は銀行の所有として残しておくことを義務づける、あるいはノンリコース・ローンを出すのであれば、たとえば「掛目7割」[*9] 以上は大きな資本金が必要なシステムにするなどのルールを設定しなくてはいけません。

要するに、金融機関は放っておくと、いくらでもリスクをとるような方向に行くということですよ。これを理解しないと、投資銀行やヘッジファンドが破綻してしまった本当の理由は分かりません。

「腐った資産」はこれから出てくる

小幡　なるほど。ただ、これまでは、ヘッジファンドの大規模な破綻はメディアで報じられていませんが、これからなのでしょうか。

神谷　ヘッジファンド全体で見ると、いくら損しているか分からない。銀行がこれまでのようにいわゆる「証券担保金融」[*10]を出さないので、無節操な信用取引などできない、結果、収益率は低くなるので、他人の金を預かることはできない、という流れです。比較的希望的観測の人でも、ファンドの半分が消える、自らヘッジファンドの経営者であるジョージ・ソロス[*11]など悲観的観測の人だと、だいたい４分の３のファンドが消えてしまうだろうといっていますね。

小幡　サブプライムローン債権そのものは、半分なくなる、つまり、価値が半分になるという話はよく聞きますが、ヘッジファンドはよく分からない。レバレッジつまり借金で成り立っているから、全部なくなる可能性もあるんですよね。

神谷　要するに、ヘッジファンドにしても、プライベート・エクイティファンド（以下、PEファンド）にしても、みな借金しないと仕事にならないわけですよ。たとえば、レバレッジをかけるにしても、信用取引をするにしても、空売りするにしても、その信用を誰が供与するのか、という問題になるわけです。

当然、ファンドにおカネを貸すのは大投資銀行や商業銀行の「プライム・ブローカレッジ」と呼ばれる部門で、いずれもビッグプレーヤーですよね。ところがベアー・スターンズもリーマンもなくなった。残ったウォール街の投資銀行も金融持ち株会社に移行して、バランスシートを大幅に縮小しなければならなくなった。

世界の株価が暴落した結果腐ってしまった証券担保金融というのも大量にあり、それは結局大銀行になだれ込んでしまった。今政府の資金で、その腐った資産を抱える銀行のバランスシートを支えているという状況なのです。

このように、ファンドの作った「腐った資産」がどこに行くのかといえば、銀行が担保にとっていたために、まずはすぐに銀行に行きます。そうすると、銀行はこれをまた処理しなければいけないことになります。ＰＥファンドも同じですが、ＰＥファンドの投資したエクイティというのは、もうなくなっているわけです。彼らが個々の取引で対象企業の株を担保に銀行から借りたローンについては、元本割れした担保を銀行に渡して彼らは手を引きます。これらのローンはノンリコースですから。このように「腐った資産」が今後もまだまだ大量に銀行に行くことになります。

フィナンシャル・タイムズが“PE Fund Melt Down”という記事を掲載していましたが、どんどん担保が腐っていっている、しかも、腐っているのは公開されている資産ではなくプライベートな資産だから、なかなか公表されない。これらの評価額というものも、そう簡単には出てこないわけです。まあ、ずっと後になって表面化しましょうが、いずれは、償却がはじまっていくということです。アメリカでは２０１１年に社債の借り換えのピークが来て、その額が約１０００億ドルあります。今から３年間での合計は約２０００億ドルです。たいへんな額の破産予備軍です。同様にレバレッジの高い取引には商業用不動産ローンがありますが、この残高は４兆ドル。このうち、いくら「腐っている」のかは分かっていません。シカゴの大不動産投資家であるサム・ゼルは、米国の商業用不動産の価値は３割低下するといっています。

切れた「信用の輪」

小幡　日本では、２００８年10―12月期のＧＤＰが年率換算で２桁のマイナスになったことが報道されましたが、今回の経済危機によってアメリカが失ってしまった資本というのは、どの程度になるのでしょうか。ＩＭＦなどは、２兆２０００億ドルといった予想をしていますが。

神谷　その数字が正しいかどうかはまだ分かりませんが、いずれにしても、この程度で済むはずはないと思います。一番大きくぶれるところは、やはり「住宅ローン」の部分ではないでしょうか。

これが、どれぐらい腐ってしまうかだと思います。アメリカの住宅ローンというのは、全部で10兆ドル（900兆円）もあって、このうち5兆ドルを「フレディマック（連邦住宅貸付抵当公社）」や「ファニーメイ（連邦住宅抵当金庫）」といった、GSE（政府系住宅金融機関）が保証しています。この2つの金融機関は前四半期の損をカバーするために、それぞれ300億ドルの追加支援を政府に求め、融資を受けられましたが、いまだに底なし沼にはまっています。

残りは、民間にあるわけですが、それがどこまで腐っていくのかは分かりません。チャック・シューマー上院議員はアメリカ金融機関の不良資産処理に必要な金額は4兆ドルといっています。したがって先はまだまだ遠いです。

小幡　今現在、住宅価格指数は2割から3割の下落ですよね。

神谷　さらに2割低下するとも予想されています。もともと健全な住宅ローンというのは、だいたい掛目が最大でも8割。だから2割は頭金を貯金して入れなくてはいけなかった。

むろん、ローンは所得の何倍まで、などという、制限もありました。また、ローンを借りている人が亡くなると困るから、借りた人には住宅の火災保険だけではなく、生命保険にも入ってもらう必要があった。つまり、銀行は最後までその住宅ローンを持ち続けて、最後の１ドルまで返済してもらい、絶対に焦げつかせてはいけないという姿勢で貸したわけです。フレディマックやファニーメイにしても、かつては40数万ドルまで、などという上限があって、それ以上高いローンは組めませんでした。ところが、だんだん住宅ローンの種類が増えてしまって、超健全な住宅ローンと最もひどいサブプライムローンとの間に、いろいろな段階のものができてしまった。それらがいったいどこまで腐ってしまうのか、ということが問題なわけです。

不動産価格がどこで底入れするか、ということですが、差し押さえられた物件を銀行などから二束三文で買ってきたハゲタカ・ファンドなどが、大きく下落して水準が異なる価格で売り出して行く。そこに新しい買い手層が入ってきて、適正な価格であると判断して買いはじめ、はじめて市場が形成される。さて、金利も下がったところで、どれだけの需要が出てくるのか。

一方、金融市場の現在の状態は、「信用の輪が切れている」というか、大多数の国民のウォール街に対する怒りのように、お互いの間に大きな相互不信があるわけです。この相互不信というのは金利を下げようが、おカネの供給量を増やそうが、解決しません。では、その相互不信の根本は何かというと、住宅ローンだけの問題ではなくて、非常に広範な問題が関わってきています。

たとえば、アメリカの年金の場合、ほとんどが401k、確定拠出型です。株式などが組み込まれているファンドなどで運用しているのですが、株価が半値程度まで下落し、世界中で30兆ドルほどが消えてしまった状況の下、みな、だいたい年金の半分を失ってしまっています。会社に「自己責任で運用せよ」といわれて、銀行や証券会社を信じ、または会社の株を買って積み立ててきた結果です。あっという間に大事な老後の資金が半分なくなってしまった。当然不信感が募るわけです。

小幡　それに加えて、失業する恐れも高まっている状況ですね。アメリカの失業率は、10パーセントに近づきつつあります。

神谷　そうです。月間で約60万人以上が失業している状態です。アメリカの失業者は失業手当を受け取っている人だけで、とうとう500万人を超えました。就職をあきらめた人、パートで我慢している人を含むと1500万人を超え、これらの人を含んだ失業率は15パーセントを上回ります。それこそ明日の借金の支払いができない人がたくさんいます。4500万人のアメリカの国民には健康保険もありません。予防接種を受けられない子どもがたくさんいます。

誰が、こんな状況にしてしまったのか。アメリカ国民の間には、銀行や証券会社のいうことを信じたおかげで、われわれの年金がなくなったじゃないか、という憤怒《ふんぬ》の感情が渦巻いているわけです。しかも、いつ仕事を失うかもしれないことから、雇用主に対する信頼もありません。こいつ、いつ俺のクビを切るか分からない、ということを常に心配しなければならない状況に置かれているわけです。

外需の存在しない世界

小幡　この恐慌からいつ回復するか、と考えると、やはり、過去の恐慌との比較からはじめないといけません。１９２９年の大暴落をきっかけに１９３０年代の大恐慌となったときは、アメリカ経済が真に復活するのに25年もかかりました。欧州での世界大戦で回復し、失業率は大幅に下落しましたが、世界大戦が終わってみると、当然大不況になり、それから回復するのは、朝鮮戦争の朝鮮特需、欧州の復興を経てからです。ニューディール政策[*12]も経済を成長軌道に戻すことに成功したわけではありません。

神谷　朝鮮特需まで入れて考えると25年ですか？

小幡　結局、そのあたりから戻ってくるわけですよ。

神谷　日本の経済復興の原動力も朝鮮特需ですね。これがなかったら、１９６０年に当時の池田内閣が所得倍増計画をブチ上げましたが、そのあたりからはじまる高度経済成長は実現できなかったでしょうね。

小幡　大恐慌のときの株価は、１９２９年の大暴落で半分以上落ちて、その後、乱高下しつつ、３年かけて下がり続け、さらに３分の１になって、最終的には９分の１になりました。今回の経済危機、金融危機が、30年代の世界大恐慌と同じだというのであれば、まだまだ株式市場も下がるし、実体経済が悪くなるのは、これからが本番ということですよね。

そして、世界大恐慌のときも、日本のバブル崩壊後の「失われた10年」のときも、経済の回復は常に外部要因によるものです。つまり「外需」によって回復しているわけです。

アメリカは、欧州で大戦がはじまり、自国がまだ参戦していなかったとき、世界の需要に対する生産を一手に引き受け、一気に失業率を低下させた。外需頼みでした。しかし、自国も参戦し、世界が戦争で荒廃し、大戦後の欧州の復興には時間がかかり、大不況となったのです。日本の「失われた10年」のときも、２００３年以降のアジアを中心とする新興国の急成長によって救われました。

そして、ＥＵは、最も激しいバブルが生じていた地域でした。このバブルを「ＥＵ加盟国拡大バブル」と私は呼んでいます。つまり、ブルガリアやルーマニアなど東欧の国々をどんどんＥＵに加盟させて、古参の西欧諸国の〝領地〟にしてしまっているわけです。最初はコストの低い製品の供給基地にして、その後、内需が生まれてくると、今度はそこにモノを売って「需要地」にするわけです。

それでＥＵバブルが起こってきたのだけれど、あらかた加盟して〝領地〟が拡大できなくなって、拡大は止まってしまった。このバブルはネズミ講と似ているから、新規参加がなくなれば、崩壊する。とりわけ、この加盟バブルが起きる前に、安いコストで、製品の供給基地となっていた地域、たとえば、スペインなどは、経済的には役割がなくなってしまった。そして、不動産バブルも弾け、失業率も戦後最高となった。ヨーロッパは、金融的にも実体経済的にもひどい状態です。

神谷　まさに、世界中が過剰流動性に牽引されたバブルだった。日銀もこれに加担しました。東欧諸国で円建ての住宅ローン[*13]が組まれたような時代でしたからね。ハンガリー、バルト三国（エストニア、ラトビア、リトアニア）など、現在彼らも非常に厳しい状況です。

小幡　そうです。だから、世界同時にバブルが崩壊している。アメリカは世界バブルを作った一つの要因であっても、世界が混乱したのは、アメリカのバブルが崩壊したことによるだけではない。世界すべてのバブルが同時に崩壊しているから、今回の危機は、本当の危機なのです。だから、アメリカが崩壊後、復活するための外需が存在しないため、回復するシナリオがまったく見えないのです。したがって、回復のきっかけがつかめないまま、低迷が長期化する可能性が非常に高いと思います。

個人的に、最終的には、アジアが世界経済復活のきっかけになると思っています。なぜなら、新興国の中でアジアだけが、自力で成長してきたからです。他の新興国、たとえば東欧などは、金融市場を整備して、外国から投資を呼び込み、その資本を利用して、内需を拡大し、経済を拡大してきたのです。要は、他人の金で消費を謳歌《おうか》してきたのです。この点では、アメリカと同じです。

しかし、アジアは違います。せっせといいモノを作って輸出し、それによって資本を蓄えることにより経済成長してきました。

この違いは決定的です。今回の危機は、他人のカネを利用して、つまり借金して、バブルに投資して、大儲けする、というモデルで膨張したバブルが破綻したのです。だから、レバレッジを効かせていたファンド、金融機関は崩壊し、国全体でヘッジファンド化していたアイスランドはデフォルト*14したのです。そして、東欧などは、欧州やアメリカの投資家、銀行から資金を引き揚げられ、一気に崩壊の淵《ふち》に立たされています。つまり、借金バブルモデルの崩壊が直撃しているのです。

一方、アジア諸国は、輸出で稼いだ資本を、欧米の株式や証券化商品など、紙切れに投資してしまい、多くが紙くずになろうとしています。投資は失敗なのですが、借金が残るわけではありませんから、破綻はしません。失った部分は、ムダ遣いしただけで、残ったおカネで勝負できるので、アジアはまた生き返ることができるはずです。

アメリカのビジネスモデルは、東欧と本質的には同じです。世界中からおカネを集めて、それを投資して増殖させ、それを大量消費して、バブルを謳歌していたわけです。世界を巻き込んだこの壮大なバブルが崩壊したのですから、東欧（国によって違いますが）も、アメリカも、きついはずです。

アメリカが、東欧に比べて有利な点は、バブルが崩壊して、国内の資産市場が崩壊しても、通貨そのものは下落しない点です。むしろ、世界の危機なので、一応現時点では基軸通貨であるドルは上昇しており、新興国の通貨が暴落しているのと対照的です。これが、新興国は、国家破綻の危機に陥っているのに対し、アメリカは、崩壊の危機には至っていないことにつながっています。

　一方、アメリカの不利な点は、経済が外需依存で立ち直る自律的なメカニズムが働かないところにあります。輸出で稼いでいた新興国は、自国通貨が暴落して危機に陥りましたが、逆にその弱い通貨を利用して、輸出を伸ばすことが可能です。国内消費も減少していますから、貯蓄超過、貿易収支は大幅黒字で、これで資本を蓄積し、回復してくることになります。ところが、アメリカはそうはいきません。この回復のパターンが成り立たないからです。通貨が安くなってしまうと、アメリカ経済の基本メカニズムが破綻します。世界中から投資を呼び込んで、その資本を元に消費を拡大する経済ですから、ドルが安くなるのであれば、世界から投資が集まらなくなるわけです。

　もともと輸出するモノはなかったわけだし、誰も資金を貸してくれないとすれば、自律回復は望めない。政府の財政出動と、中央銀行によるカネのバラ撒《ま》きに頼るしかないわけです。

人口が増えている国は有利なのか

神谷　今のアメリカ政府の意識の中には、底に行くまでに何か手を打てば、底まで行かないうちに底が上がってきて、どこかで下げ止まるんじゃないか、という希望的観測があると思いますね。しかし私は、それはありえないと思っています。その点は小幡さんとまったく同じです。やはり価値がないものは、人が納得する水準まで価格を下げるしかない。

そして、借金をして買うというライフスタイルが崩壊して、そのぶんの消費が落ち込んだわけだから、それに見合うように設備投資が処理され、身の丈に合ったところまで下りることしか方法はありません。

今、よく友人と議論していますが、昨年末ぐらいにはピークの7割程度まで消費が落ち込むだろうと予想していました。そこまで行けば、落ち着くのではないかと。しかし、だいたい経済危機というのはオーバーシュートするから、3割程度の落ち込みでは収束しないかもしれない。やはり半分ぐらいまでは落ち込んでしまうのではないかと。消費が半分落ちこむということは、工場を半分閉鎖して、半分の人を解雇しなければいけないことを意味するわけです。

日本の自動車会社は、一時だいたい7割生産を落としましたが、それを5割程度にはもどす、というアナウンスが出てきましたね。日本の製鉄所は、30基ある高炉を10基落とすといっていますが、10基ではなく、15基落とさなければならないかもしれない。そうなると、極めて重大な局面を迎えることになると思います。先日、日本とブラジルの製鉄所の方と話をしていたのですが、現状日本は半分に減産、ブラジルは20パーセント減産。でもここが底と思っても底は抜けるのが常とおっしゃっていました。

ここで、ちょっと話を元に戻します、小幡さんがアジアの国が先に経済復興する、とおっしゃいましたが、私はもう少し長期に考えていて、可能性があるのは、人口が増えている国だと思います。人口の増えている国は、新しい需要が創造されてくるわけですから、それだけ成長してくると見ていいと思います。

その点でいえば、アメリカは人口が増えています。ただ、先進国の中ではアメリカぐらいで、日本もドイツもイタリアも、みな人口が減っています。日本は、それでなくても、近年自家用車を買う人が減っているし、地方都市では電車に乗る人数も減っている。スーパーは過当競争の状態で、体力の乏しいところはどんどんつぶれてきている。こうして、売上が下がり続けているわけですから、日本の国内だけで見るなら、拡大均衡というのはありえないわけです。任天堂みたいに、不況のさなかにあって、世界で売れるモノを作る会社がどんどん現れてくれれば別ですが、全体の需要が減っていく中で売上を伸ばすのはむずかしい。

小幡　長期に成長するのは、人口が増加している国で、アメリカはその一つである一方、日本は人口が減るから縮小均衡になってしまう、という論点はなるほどと思います。しかし、もっと悲観的に考えると、「人口が多いところは、経済成長するどころか、基盤となる社会が崩壊してしまうのではないか」という恐れが現実味を帯びます。

たとえば、アメリカもその一つの例ですが、現在の大不況により、経済は縮小していくわけです。この場合、国家としては、「国家の扶養家族」が少ないほうが運営しやすい、という考え方もあります。たとえば、これまでアメリカは、移民を多数受け入れてきたのですが、移民は、経済的利益だけを求めてやってきたわけで、社会に根を張っておらず、貧困に陥ったときに、暴動が起こりやすい、また、ほかのグループと摩擦が起きやすいなど社会的な波乱要因となりうると思います。

今後、人種間で対立や暴動が起きたときは、その収拾が大変そうです。オバマは黒人ということになっていますが、一方、スーパーエリートでもあり、ある意味、２つの社会に属している。このオバマが、対立や暴動を、どうやって抑え込んでいくのか、そういうむずかしい局面に直面する可能性があると思います。

中国も、同様の困難が生じると思われます。経済成長することによって全体主義を維持してきたわけですが、企業倒産、失業、給料不払い、といったことが続いており、内陸部から沿岸部に働きに出ていた大勢の労働者が、一気に内陸部に戻っていっています。これは、政情が不安定となって暴動が続々起こる可能性を高めることになる。実際、すでに暴動は急増しています。国家にとって一番の危機かもしれません。したがって、この危機を回避するために、中国は無理矢理にでも経済成長を維持してくる可能性もあります。

その点、日本は、その是非はともかく、移民が少なく、かつ経済全体が縮小しており、しかも高齢化社会ですから、「国家の扶養家族」という意味からすると運営がしやすい経済社会です。経済的蓄積、自然環境、気候、すべてにおいて恵まれ、社会も相対的にかなり安定しており、かつ平和なので、安心できる社会を本当は作りやすいはずだと思います。

神谷　たしかに、社会不安というのは、これから深刻な要素になってくるかもしれません。アメリカもかつては1967年のニューアークの暴動など、有名な暴動がいろいろありました。もちろん、それ以降も、暴動は定期的に起きてきています。

ただ、やはり私も含めて、国民がオバマに期待していることは確かです。私は選挙運動の当初からずっとオバマに注目してきました。実際、寄付もしたくらいです。

支持率は70パーセントもあります。共和党の人も含めて、彼をサポートしていこうという共通の認識ができているのでしょう。一人ひとりが努力しないと国がダメになってしまう、ということを、彼は就任式で語りかけたわけですが、それを受けて国民はみな「オーケー、みんな努力しよう、一生懸命力を合わせて立派な国にしよう」という雰囲気に満ちています。対立候補だった共和党のマケインが大統領になったら、たぶんこんな状況にはならなかったでしょうから、オバマがそれだけ人の心を引きつける力を持っている、ということなのだと思います。

断続的に爆発する〝地雷〟

小幡　ここまでお話ししてきて、神谷さんも僕も、今回の経済危機は１９３０年代の世界恐慌に匹敵するもの、もしくはそれ以上に深刻なものであり、現在はまだ坂道を転げ落ちている途中である、と考えていることが分かりました。

そう考えると、これから待ち受けている厳しい状況に対して、覚悟をしておかなければならないと思います。

すでに7000億ドルの金融安定化法や景気刺激策などが、矢継ぎ早に実施されています。この帰結として一番怖いシナリオは、財政政策を一気に打ち出した結果、それが短期的に効果をもたらしてしまう可能性です。財政政策が効果を発揮することによって、かえって、より危険な領域に入る可能性が高いのです。

2008年にノーベル経済学賞を受賞したポール・クルーグマン[*15]は、「とにかくやれることは何でもやるべきだ、しかも財政出動は大きければ大きいほどいい」という類《たぐい》のことをいっていますが、これは非常に危険だと思うのです。クルーグマンの議論の背景には、今回の経済危機は、基本的には循環的な危機であって、財政出動によって難局を乗り切れば、必ずアメリカ経済は復活する——という信念あるいは願望があります。この考えが一番危ない。

ワースト・シナリオとしては、思い切って財政出動した結果、それが効いたように見えることで、その政策が支持を受けて、さらに拡張されることが一番危険です。

神谷 その危険性はたしかにあるでしょう。でも、そういうことにはならないと思うんですよ。というのも、これからもっともっと悪いことが起こるだろうから。

たとえば、ロシアの企業向けローンは全部デフォルトすることになったし、中国からどんなニュースが出てくるかも分かりません。世界中弱いところからぼろぼろと破綻が出てくるので、「こんなところにこんな問題がまだあったのか」といった〝地雷〟が断続的に爆発する可能性のほうが、圧倒的に大きいと思います。「効果があったようだ」ということはないでしょう。オバマの景気刺激策も、政府自身期待しているのは、本年失業者手当受給者ベースでの失業率が２桁にならず（３月現在８・５パーセント）、１桁台で抑えられたら、というのが本音のようです。だから、小幡さん、心配しなくてもいいですよ（笑）。

小幡　それはそれで心配ですが。

神谷　まだまだ、〝地雷〟はたくさん隠れていますよ。小幡さんが『すべての経済はバブルに通じる』（光文社新書）で書かれていた、資本主義に潜む「キャンサー（癌）」が、こんなところにまで転移していたのか、という驚きのほうが大きいと思います。

小幡　予言者的にいうと、どこかの国でデフォルトが起きて、これがショックとなって、アメリカ経済は一気に崩壊する可能性がありますね。たとえば、欧州の小国がデフォルトし、それが英国ポンドの暴落、英国政府の財政破綻をもたらし、これをきっかけに、アメリカ債と米ドルが暴落してしまう、といったシナリオは十分に考えられます。

(p. 14)

＊1　パリバショック…今回の経済危機のスタート地点の一つ。２００７年8月9日、フランスの大手銀行「ＢＮＰパリバ」傘下の３つのヘッジファンドが、米国サブプライムローン市場の混乱を理由に業務を一時停止。解約停止などファンドを一時凍結した。

＊2　リーマンショック…２００８年9月15日、米国の投資銀行である「リーマン・ブラザーズ」が、米連邦破産法第11章の適用を連邦裁判所に申請し、事実上倒産した。１５０年の歴史を持ち、米投資銀行業界第４位の同行が倒産したことで、米国のみならず世界中の金融市場に大きな影響を与えた。

(p. 21)

＊3　ノンリコース・ローン…融資対象物件の賃貸収入や売却収益の範囲内での返済義務にとどま

るローンのこと。日本で主流のリコースローンのように、物件を売却しても借りたお金が全額返せなかった場合は、さらに不足分の返済義務を負うローンではない。不足分は、融資した金融機関が負うことになる。

（p.23）

＊4　**プライベート・エクイティ・ファンド（ＰＥファンド）**…株式を公開・上場していない企業に投資して、その企業の再生、成長を援助、支援。株式価値を高めて、最終的には株式を新規公開、あるいは他社に売却することで利益を得る投資ファンドのこと。ベンチャー・キャピタルもその一種である。

（p.25）

＊5　**ＡＩＧ**…アメリカン・インターナショナル・グループ・インクの略。世界一の総合保険会社で、設立は１９１９年。日本でも、アリコ、ＡＩＧスター生命、ＡＩＧエジソン生命などの生命保険会社、アメリカンホーム、ＡＩＵといった損害保険会社がグループ傘下にいる。

（p．26）

＊6　パートナーシップ…共同経営のことだが、民間企業で行われる事業には、「リミテッド・パートナーシップ」と「ジェネラル・パートナーシップ」の2種類があり、リミテッドの場合は、無限責任を負うジェネルラ・パートナーが一人いて、もう一人は出資範囲内での有限責任者となる。ジェネラル・パートナーシップは二人以上の無限責任者で構成される。

（p．29）

＊7　クレジット・デフォルト・スワップ（CDS）…ローンや債券、売掛金といった債権を証券化した際などに、それらの債権がデフォルト（債務不履行）を起こしたときに保証する契約。オプション取引の一種で、資産を保有する相手が、CDSの契約者に対して一定の保証料を定期的に支払う代わりに、デフォルトした際は保証する。クレジットデリバティブの一種。

（p．31）

＊8　ボブ・ルービン（＝ロバート・ルービン）…メキシコやアジアでの通貨危機、LTCM破綻など数多くの難局を乗り切って、大きな政府を志向する民主党政権下＝クリントン政権時代におい

て、財政を均衡に持ち込んだ手腕が評価されている。市場中心主義を根付かせた経済運営は「ルービノミクス」とも呼ばれた。今となっては、彼も今回の経済危機の戦犯の一人という評価もある。

（p．34）

＊9 **「掛目7割」**…「掛目」とは、不動産などの担保価値が下落した場合のリスクに備えた金融機関の安全弁のようなもの。通常不動産会社が出した評価額の7割とか8割で設定する。つまり、ローンを借りる場合、この掛目があるために仮に購入価格と評価額が同じだったとしても、頭金が2～3割必要になる。

（p．35）

＊10 **証券担保金融**…証券会社などに保護預かりしている株式などの有価証券を担保に、資金を融資する金融サービス。株式などを購入する資金や目的自由の資金として融資される。

＊11 **ジョージ・ソロス**…ヘッジファンドの「クォンタム・ファンド」創始者として知られる著名投資家。１９９２年に起きた英国ポンド危機の仕掛け人として、イングランド銀行をつぶした男と

も呼ばれた。今回の経済危機でもいち早く「100年に一度の経済危機」と警告した。

（p. 41）

＊12 **ニューディール**…1934年に大統領に選出されたフランクリン・ルーズベルト米大統領が実施した景気刺激対策。具体的には、テネシー川流域開発公社（TVA）などの公共事業、民間資源保存局（CCC）による雇用の確保など。政府がある程度、民間経済に関与して有効需要を創設することで景気回復の後押しをする。ケインズ理論をはじめて取り入れた経済政策といわれる。

（p. 43）

＊13 **円建ての住宅ローン**…アイスランドなどでは、外貨建ての住宅ローンが認可されており、月々の返済額は自国の通貨ではなく円建てで返済する。円建てのため、急激な円高になれば月額の返済額は大きく増額することになる。反対に円安になれば、月額の返済額は減少する。

（p. 45）

＊14 **デフォルト**…経済用語では「債務不履行」の意味に使われる。国債や社債などの「利子」や

満期のときに支払われる「償還金」の支払いが遅れたり、支払われなくなってしまう状態のこと。（p. 52）

＊15　**ポール・クルーグマン**…米国の経済学者、２００８年のノーベル経済学賞受賞。景気後退には積極的な財政出動が必要であり、そのためには政府による目標インフレ率が必要であるとするインフレ・ターゲットを提案する。

PART 2 借金依存経済に終止符を

2008年10月16日、ブッシュ政権による、金融機関救済のための緊急経済安定化法案成立に対し、ニューヨーク証券取引所の前で抗議する市民。
© Frances Roberts/ Alamy

財政刺激策はやってはいけない

小幡　オバマ大統領になって、アメリカは矢継ぎ早に大胆な財政政策を打ち出していますが、僕はこうした経済政策はまったく間違っていると思っています。

すでに終わってしまったヘッジファンド型投資銀行ビジネスモデルに対して、しかも儲けるだけ儲けて逃げ切ろうとしていた連中に対しておカネを与えたとしても、よい効果があるはずもありません。まったく違う組織、違う人間、あるいは違うスキームに対しておカネを入れない限り、金融システムがふたたび動くことはないと思います。

実体経済についても同じです。実体経済のバブルの原動力となっていた金融が崩壊したわけですから、今さら何かを入れても効果は期待できません。どんなに刺激しても、新たな需要が出てくるはずがないのです。今までムダ遣いしていたというか、バブルを謳歌して使ってしまったぶんを取り戻すためには、どうしても辛《つら》い時期を経過しなくてはいけないはずです。

神谷さんも指摘されていますが、みんながムダ遣いしていたのではなくて、一部の特定の人がムダ遣いしていたのです。そのツケをみんなが平等に負担するのはおかしい、という議論がある中で、経済が復活しないとはじまらないので、国民が税金を使って平等に負担して、何とかしようとする――それが、現在のオバマ政権をはじめとする世界中の政治家たちの考え方です。

しかし、僕は、何をやってもムダだと思っています。景気刺激策はやってはいけません。特に、ＧＤＰの数字を無理矢理上げる政策や、金融市場に無理矢理おカネを流し込んで、資産インフレを起こそうとする政策は、意味がないだけでなく、害悪です。これまで、おカネを市場にどんどん流したにもかかわらず、効果はないわけですから。

神谷　そういう小幡さんの考え方には全面的に賛成です。オバマ新政権がはじめた、２年間で７８７２億ドル（約72兆円）の「スティミュラス・パッケージ（景気刺激策）」[*16]と最大１兆ドルのバッドバンク構想[*17]ですが、残念ながら、これは機能しないかムダ遣いになってしまう可能性が高い。

景気対策にざっと８０００億ドル、金融機関の不良債権買い取りに１兆ドルというわけですが、金融機関はだいたい４～５兆ドルの資金が今後必要になるといわれています。アメリカ１国だけで、これだけの資金が必要なんです。

しかも、民間企業が発行している社債については、今後5年間で償還期限が差し迫っているものが3兆ドル。民間も、今は連銀のCP（コマーシャルペーパー）[18]買い上げなどの資金支援に頼っているわけです。通常なら問題ありませんが、信用収縮している現状では、安易に借り換えもできません。

これらを全部合わせるとざっと7〜8兆ドルです。これに2009年だけで1兆7000億ドルに上る財政赤字を加えると、10兆ドルの大台に乗る資金が必要となり、それを全額政府が用意できるのか、という問題があります。米議会の調査では、今後10年間の財政赤字だけで10兆ドルに上るということです。

昔は中国、日本、シンガポール、台湾、韓国、産油国といったところが、資金を供給してくれたわけですが、少なくともすでに中国は投資額を減らしはじめたし、韓国など、今回の経済危機では最大の被害者ですから、今やウォンの防衛に必死です。みな自国のことで手一杯です。アメリカの面倒まで見ていられない。もともと金持ちのアメリカ人が、貧乏な中国人から借金して国の財政を回すという発想からして狂っている。

多くの産油国は、原油の値段が1バレル70ドル以上にならなければ財政赤字に陥るという状態です。ドバイのバブルも破裂し、ロシアも青息吐息。原油価格が大きく下落する中で、他の国に融資している余裕はないはずです。いずれにしても、10兆ドルなんていう金額はとても埋まらない。結局、ＦＲＢ（米連邦準備銀行）がドンドンお札を印刷するしか方法がなくなりますから、最終的には大インフレということになってしまいます。

すなわち、現在のガイトナー財務長官にしても、ポールソン前財務長官、そしてバーナンキＦＲＢ議長にしても、すべて「今までの資本主義の形を修復できる」という前提でさまざまな政策を実行していますが、そこに根本的な大間違いがあると思います。

健全な金融システムの機能を新たに構築していくことと、壊れていっているものを直すこととは、発想としてまったく異なります。

本来、金融システムがないと人類は困る。だから優れた金融システムを構築しましょう、という課題は常にあるわけですが、すでに壊れてしまった過去の金融モデルを修復して、また以前のように使いましょう、というのは間違ったアプローチです。それをいまだにアメリカ政府は続けているわけです。

小幡　システムは壊れている。そして、経済状況は急降下の最中。「坂道を転げ落ちている大岩を、坂道の途中で止めようとするのはムダな抵抗である」ということだと思うんですね。巻き込まれて死ぬのが落ちです。

神谷　たしかに。現在の金融システムが壊れている根本的な原因は、信用の輪が切れてしまっている状態で、経済の健全性が損なわれていることにあります。社会環境や社会の在り方そのものから、もう一度議論しないと、信用秩序の回復というのはできないと思っています。もはや、金利を下げて、通貨の供給量を増やせば直る、というものではない。経験したことのない出来事が起きているわけですから、これまで書いたことのない処方箋《しょほうせん》をこれから書かなければならないのです。

ケインズは曲解されている

小幡　財政政策に関していうと、ケインズの復活ということがいわれていますが、一般に理解されているケインズ政策はケインズの意図したものではないし、クルーグマンですらこの点を間違えているのです。

まず、一般的にケインズ政策というのは、「民間需要が足りないときに政府が補う」ものと考えられていますが、それはまったくの誤解です。ケインズはそういっていません。ケインズが「財政出動が必要だ」という場面とは、民間経済が、ムードとして、まったく萎縮《いしゅく》してしまって、縮小均衡あるいは、極端な場合は、誰も消費、投資をしない状況です。このとき誰も消費や投資をしないのは、あまりに不況が続きすぎて、誰もが将来に対して過度に悲観的になってしまっているからです。自分だけの状況を考えれば、みな、消費や投資をしてもよいと考えているが、もしこのまま最悪の状態が将来も続くのであれば、消費や投資を再開するのも、まだ待っておこう、と思っている状況、これがケインズの想定する場面です。

このときに、政府が大規模な支出を行えば、それが将来への過度の悲観を修正し、みな、一気に、消費や投資に動き出すことになります。つまり、政府出動が、人々の将来に対する見方を変化させることにより、政府支出が呼び水となって、民間部門の消費と投資が動き出すのです。だからこそ、ケインズは、地面に穴を掘って、また埋める、それでもいい、と主張したのです。それ自体がムダであっても、民間経済が動き出し、一気に萎縮した経済が活性化する。だから、穴を掘って埋める公共事業自体はムダであっても、それによって動き出す民間経済を考えれば、経済にとって大きなプラスということです。

今から全世界で行われようとしている財政支出、すなわち、政府が民間の代わりに需要を供給し続ける、これはケインズの財政支出ではなく、自民党の公共事業バラ撒《ま》き政策とまったく同一のものです。もし、民間需要が足りないぶん、公共事業をやるのであれば、その公共事業は意味のあるものでなければ、経済全体にとって、ムダであり、マイナスになってしまいます。だから、自民党の公共事業は、ムダであるか否か、論争する必要があるのです。一方、ケインズの財政政策はムダであっても何でもよいのです。そして、ケインズは「一般理論」の中で、穴を掘って埋める政策は、用が済んだらすぐにやめるべきだ、とも書いているのです。

ちなみに、ケインズが想定している、縮小均衡での大きなムダとは、失業のことです。生産が縮小して、機械も遊んでいる中で、一番の損失は、遊んでいる人的資本、労働力です。だからこそ、ケインズが著した「一般理論」は『雇用・利子および貨幣の一般理論』なのです。このタイトルも奥が深い。雇用と利子が並ぶところが深いです。ケインズは大きな政府を主張したのではなく、効率的な、機動的な政府を主張したのです。

現在の状況に当てはめてみたとしても、同じことです。どう考えても、これからどんどん悪くなることが分かっているのだから、まだ、ケインズ本人のいう刺激策をとる段階ではないのです。今は、何をしてもムダだと思うんです。

金融市場の問題が実体経済にも波及してきて、実体経済の危機が、ある一定のところで止まればいいんですが、どうも止まりそうもない。有り金を全部突っ込んで経済危機も止まらず、政府自体も破綻してしまったら、それこそ社会が崩壊するわけです。

言い方は悪いんですが、そんなアホなことをやってはいけない。経済崩壊を止められない以上、最も大事な社会的インフラを守ることに、お金を使ったほうがいいんです。社会政策のために財政の余力を残しておいたほうがいい、ということです。

倫理なき金融機関は全部つぶしてしまえ

神谷　アメリカでは、金融機関の倒産に際し、預金者に対して10万ドルの預金保険をつけていたわけです。現在はそれが25万ドルになりましたが、極端な話、その制度を使って、私はもう退場させるべき金融機関は退場させてしまったほうがいいと思っています。

たしかに大きな痛みが伴いますが、今までの間違った価値観で生きていた人間がそのまま温存されてしまうようなシステムではいけないんです。

そういう意味では、小幡さんと同じ意見だと思うんですが、私はもう少し過激で、たとえば金融機関にしても、預金金融機関＝銀行のような場合は、要求払いの預金をいつでもきちっと払えることが大原則です。それができない金融機関というのは「存在する意義がない」

と思います。当局がそうした原則を貫いて、預金者に対しても、「25万ドル以上預けたら危ない」と警告した上で、取引していただくというのがあるべき姿ではないでしょうか。

今のように、要求されるままに資金を注ぎ込んで、結局役員のボーナスに使ってしまうような倫理感のない金融機関は、全部つぶしてしまうのも、一つの選択肢だと考えています。いったんすべてがリセットされれば、その後に出てくる新しい銀行のほうに、期待もできるし、希望も持てると思います。銀行なり投資銀行なりという公器を使って「今日の得は僕のもの。明日の損は株主と納税者のもの」というような経営をした人間たちに、傷んだ金融機関の再生を託すなど愚の骨頂です。

アメリカ人の「国有化アレルギー」は強いですが、今回のような問題を解決できるのは、突きつめると国家権力しかないですよ。市場の力を使って、というのは機能しないことを、われわれはやがて知ることとなるでしょう。いったん国家権力でもって迅速に問題処理を徹底して行い、やがてそれを民営化、というのが進むべき方向だと思います。

ニューディールは失策である

小幡　僕らの世代は、そもそも、大学の受験勉強で、1930年代のニューディール政策では、大恐慌から脱却できなかった、つまり、失敗だったと教えられたんですね。

神谷　そうですか。私の時代とは違いますね。

小幡　大恐慌時代に行われたニューディール政策によっても、結局、本当に経済が回復するのは、25年後です。そんな失敗した経済政策なのに、もう一度ニューディールをやろう、ということ自体、そもそも間違いなんです。

しかし、今、大規模な財政出動をやるのは、ニューディールをはるかに上回る愚策で、最悪のシナリオでは、それはアメリカ経済社会破綻への道なのです。

世界恐慌のときに、株価は、最終的に9分の1にまで落ち込みました。ニューディール政策というのは、そのときになってから登場してくるわけです。つまり、経済がどん底で、失業率が25パーセントのときの政策なんです。

これ以上悪くなりようがない。経済全体が壊滅、焼け野原みたいになってしまった。そのときにこそ、政府が動くのが、ニューディール政策の本来の姿なんです。ケインズの財政政策もまさにそうです。したがって、今、経済が坂を猛スピードで転げ落ちている途中なんだから、財政出動しても、ムダ撃ちになるだけなんです。

神谷　要するに、今議論すべき課題は後始末の問題です。これまでの金融のスキームやシステムというのは、もうつぶれている状態です。だから修復ではなく、後始末の話をしなければいけない。

では、実際の後始末を誰がするかというと、悲しいかな、これは納税者がするしかありません。銀行はＦＲＢに助けを求め、ＦＲＢはどこに救済してもらうのかといえば、結局のところ、最後のストッパーは納税者しかいないんです。納税者にとっては非常に悲しいことですが、ツケは全部、われわれ納税者にかぶせられる。それしかないんですよ。

日本という舞台のほうを考えてみましょう。終戦の頃を振り返れば、Ｂ29で絨毯《じゅうたん》爆撃されたのは東条英機のせいかもしれないけれど、燃えちゃった物は燃えてしまったわけで、こうなったら国民全員が頑張って国を再建していくしかなかったわけです。

「燃えちゃったね」ということを、まず認識するところからスタートしなければいけない。その上で、「燃えてしまったからには、これからどうすればいいんだろう」という論議をすべきだと思うんです。

たとえば、実際に太平洋戦争で日本がB29に絨毯爆撃されてしまったあと、日本ではホンダが自動車工場を造った。松下電器産業（現パナソニック）は電器工場を造った。出光はタンカーを保有して石油を求めて海外に出かけていった。マツダはロータリーエンジンまで作った。

という具合に、新しい世界を求めて、みんなが動きはじめて、新しい産業を作り出しました。燃えてしまったからこそ、そこから国民はみんなで力を合わせて、手を組んで、一生懸命働きはじめるわけですよ。

小幡　一番大事なことは、何を救うべきか、ということをしっかり考えて、決めることです。そして、それは社会であり、人間です。散々やりたい放題やってきた金融機関ではないし、ニーズのない車を作り続けるメーカーじゃない。

実は、個人的には、さらに、金融市場でも、システムでもなく、また、GDPでもない、と思っているのですが、それは置いておくとすると、ここでは、まず、企業という〝箱〟を救うかどうかを決めないといけない。

なぜ、破綻した金融機関、企業を救うのか。まず、第一に、利権がある場合があります。

経営陣と政権がつながっている場合。その場合は、国民全体のためでなく、その金融機関の経営陣を守るためとなり最悪です。しかし、もう少し微妙なのは、その金融機関の取引相手を守るための政策の場合です。

たとえば、ある大手金融機関自体は破綻してしまっているから、救っても仕方がないのだが、そこへ融資あるいは投資している他の金融機関などを守るために、とりあえず、支援して、他の金融機関がある程度投資や融資を回収する時間を稼いでやるという政策です。これは国民にとって必ずしもよいとは限りませんが、こういうケースも、今回、かなり多く生じていると思います。

一方、政府が、国民、労働者、雇用を最優先に守ろうと思っている場合でも、破綻した企業を救済する、という選択肢はありえます。雇用を増やすために、政府が、会社を作って、1000万人雇用するという手もあります。でも現実的でない。なぜなら、すぐにはできないし、政府が企業経営をうまくできるはずがありません。したがって、既存の企業が、現在の枠組みの中で雇用を維持してくれたら、そのほうが早いので、企業を倒産させずに救おうということになるわけです。

しかし、僕はそれは無理だと思います。ニーズに合わないビジネスモデルで経営され、また人々の信頼を失ってしかるべきことをしていた組織に、もう一度資金を入れても、彼らが、突然心を入れ替えて、今度は効率的に経営して、雇用を守ることになる、という期待をするのは無理でしょう。

たとえば、ビッグスリーに資金を投入したところで、彼らは、首切りをして終わりです。企業という箱を守るために、余剰人員を切りまくる。もらったおカネで、リストラをして、人員を削減する。つまり、資金を投入すればするほど、雇用が減ってしまうという、本来意図していたことと、正反対の結果になってしまっています。それなら開き直って、既存の破綻した企業を救済するのはやめて、新しい企業が勃興するまで、政府が、警官、教師、医師、看護師などの採用を倍増して、失業の増加を抑えたほうが効果的だし、社会のために建設的だと思います。

「バブルをバブルで解消する」は大間違い

小幡　クリントン政権での財務長官、その後、ハーバード大学学長となり、現在のオバマ政権では、国家経済会議（ＮＥＣ）委員長に就任したローレンス・サマーズ、僕は何度か議論したことがあるのですが、彼について神谷さんはどう思われますか。

サマーズは、敵が多く、議論で相手を論破しすぎるなど、態度が悪いという評判なのですが、彼の発言を聞いていると、概《おおむ》ね僕や神谷さんと同じような考え方のように見受けられます。サマーズは、短期的な景気対策も必要だが、それ以上に、長期的な観点で、医療、教育、環境などに関する先行投資、制度改革をすべきだと考えているように感じられます。

神谷　私は、基本的にはサマーズはボブ・ルービン門下生で、前FRB議長のグリーンスパンと同じ思想の人間だと思っていますよ。レーガノミクス*19以降、ずっと今まで政権に入ってきた人というのは、結局同じで、「国民に借金させて浪費をさせれば経済は発展する」というバブル経営信奉者です。また彼の過去の所得が公表されましたが、圧倒的な部分がヘッジファンドとウォール街から得たものでした。

ただ、サマーズ自身、少し得点をあげるとしたら、一応クリントン政権時代に財政均衡まで持っていった人だから、それは評価できます。財政均衡は一時的なもので終わってしまいましたが、現在はいわゆる財政措置拡大主義派ですよね。アメリカ政府は全員そうですから。民主党は特にその傾向が強い。今回、民主党が作っている景気刺激策も当初9000億ドル台だったものが、むしろ共和党が一部をカットして7000億ドル台にしたわけです。

小幡　そのサマーズが、短期的な経済対策にすべてのおカネを使うのではなく、教育制度や医療制度といった長期的な成長あるいは社会政策というべきものにおカネを使うべきだと主張しています。長期的に社会を回復させるためには、医療や教育を立て直すことにこそ、おカネをどんどん使うべきである。景気刺激策も大事だが、それだけではなくて、もっと長期的視野に立った政策を実施すべきだと主張しているんです。したがって、医療業界や教育産業において、雇用を作りつつ、貧困層などに対して不平等なことにならないような教育投資、あるいは医療を確保する、ということになります。これには僕は大賛成です。

一方、ガイトナー財務長官は、サマーズの指示に従っていると思いますが、それでも、表に出て対外的に説明しないといけないので、どうしても、メディアや市場に迎合しがちなところがあります。かなり心配です。

そして、オバマ大統領は、とりあえず、経済、とりわけ金融政策からは一歩引いて、直接はできるだけ関わらないようにしているように見えます。政治的に自分の考えがそのまま政策として実行できる、現在の経済情勢とは関係のない、中絶法案を最初に取り上げたのが象徴的です。賛否両論ある問題ですが、予測不可能な世界経済情勢に左右されず、自己主張できる問題を選んだのです。

神谷　本来、財政にしても、国民経済にしても、いろいろ努力して縮小均衡を図り、身の丈に合う生活に戻すというのがはじめの一歩だと思います。この健全性の回復なくして、次の一歩はない。

たとえば、20年前にアメリカ経済に迎合した前川レポートに対して、『日本は悪くない悪いのはアメリカだ』（ネスコ刊）を書いた大蔵省出身のエコノミスト、下村治博士。池田内閣時代に参謀として、所得倍増計画を設計した経済学者として知られる人ですが、その下村さんが強調されているのが、国民経済にとって最も重要なことは「経済の健全性の回復」だということです。これこそ、優先順位第一位、プライオリティ・ナンバーワンだと思うんですよ。

スティミュラス・パッケージ（景気刺激策）でどんどん借金を膨らませて行く、という方法は、まったく間違った方向に向かわせるのではないかと思うんです。パッケージの中身を見てください。その一部は、「減税するから国民におカネを使ってくれ」という話。これはやってもムダだとすでに分かっている政策です。そして未来を築くための予算。小さいですよね。不良資産の処理に必要な4兆ドルに比べたら微々たるものです。

効果は知れていると思うが、発想の原点はバブルがつぶれたら、またバブルで解消しましようというもの。これを何度も何度も繰り返してきて、またもう一度やろうとしている。その象徴的な論客というのが、アメリカではサマーズであり、日本では米連銀の流れを汲《く》む野村総研のリチャード・クーといった人たちなんです。それ以外、考えがないんだと思う。リチャードとは一度議論したことがあって、「大恐慌が来る」というところまでは意見が一致。それじゃどうするの、となると、私が経済の健全性の回復を主張するのに対して、彼は大規模財政支出を主張し、まったく意見は合いませんでした。

だから、私は、それは「価値観が違う」と指摘しているわけです。価値観が違うので政策が異なるのです。これからの国なり、世界経済なりを再建するためには、どうすればよいのか、基準となる価値観を議論し、一致するものを探さなければならない、と申し上げる理由がそこにあります。

私が主張するのは、繰り返しますが、「信用の回復と経済の健全性の回復」です。間違っているでしょうか。残念ながら、日本の政治家もアメリカの政治家もそこのところを話さないで、目先の景気刺激策のことばかりいっている。私個人としては、これはまったく正しい方向ではないと思っています。

金融機関にも適正規模がある

小幡 今、神谷さんがおっしゃったように、信用の回復という根源的な問題を解決しなければいけないのに、そこから逃げて、単に、莫大なおカネをそのまま突っ込んでいる。これではうまくいくはずがない。

現在の世界は、金融バブルの膨張、崩壊によって社会不安に陥れられ、混乱させられているわけです。その混乱させた張本人である金融市場と金融機関は、元には戻らないですし、戻すべきではありません。

今さら、銀行に健全な融資をしろといっても、それは無理です。そもそもこれまできちんとした融資ができていないのに、なぜ、危機で、経済が一番難しい状況に陥っているときに、それができるのでしょうか。

神谷 金融に関していえば、金融危機に陥ってしまった根本要因というのは、大きくなることがいいことだと、みんなが思ってきたことです。一般企業も訳も考えずに、みんながそういっているからという程度の浅慮で、大きくなって、上場することがいいことだという価値観を持っていました。

しかし、金融機関にも適正規模というものがあると思うんです。現在の銀行というのは、大きいからつぶれない、というより、大きすぎてつぶせない、というところまで行っています。それなら、新しい価値観として、すべての銀行はつぶせるサイズにしておけ、という考え方があってもいいのではないかと思うんです。

大きくなる銀行というのは、いろいろな商品をクロス・セリング[*20]することを標榜《ひょうぼう》してきました。ビジネスになるものは何でも売っていくという姿勢ですね。けれどもバンカーたちは、それまでクロス・セリングなんてしたことがなかった。また、それをやろうとしてみて分かったことは、そんなことは絵に描いた餅で、実際にはできなかったということです。

言い方を変えれば、イリュージョンを信じてただただ大きくなる、というビジネス・モデルを追いかけてきたわけです。

企業に対しても間違った方針で接した。たとえば自己資本についても、本来はできるだけ借入を少なくして、自己資本を大きくすれば現在のような大不況が来ても耐えられるのですが、レバレッジド・バイアウト（ＬＢＯ[*21]）のような多額の借り入れをするビジネスをどんどん採り上げ、一般企業に対してどんどん貸し込みを拡大してしまいました。住宅ローンも商業用不動産ローンも同様です。

さらに、一般の消費者に対しても、サブプライムのように、融資基準をドンドン下げて、不要なおカネをどんどん貸しつけて、借金漬けにして、金は返してくれないほうがいい、という姿勢になってしまった。もともと消費者金融にとっては、利用者が払ってくれる金利が収益のソースになるわけですから、借りっぱなしで高い金利だけ払ってくれるお客さんがいいお客さんであり、そういう顧客がたくさんいることが一番いい、とされたわけです。

要するに、そういった間違った価値観に基づく金融商品の販売、あるいは資産の積み上げが、これまでは行われてきてしまいました。そういう価値観は、根本的に全部修正して、適正なサイズというものを意識した経営戦略を考えなければいけないと思います。

税金の免除が政権入りの理由

小幡　日本も「失われた10年」で、金融機関に公的資金を何度も注入しましたが、その効果ははっきりしませんでした。アメリカではすでに数千億ドルも注入されましたが、その効果は見えませんよね。

神谷　まさに、そのとおりです。あれはひどい。今回こんなことになった責任を明確にできないのも納税者は納得できない。グリーンスパンが、やっと一部ですが「ごめんなさい」といいましたよね。日本では最近、構造改革の急先鋒だった中谷巌さんが懺悔《さんげ》したらしいですけれど。

小幡　シティグループ会長のロバート（ボブ）・ルービン元財務長官は、どうなんですか。

神谷　ボブ・ルービンは私のゴールドマン・サックス時代のボスの一人でお世話になりましたが、絶対に謝罪しなければいけない張本人の一人ですよ。この前、謝罪に近い発言はしていたけれど。ボブも含めて、まだ責任を明確にしていない人が多すぎます。シティグループに、あれだけの規模の証券化をやらせたのはボブ自身ですし、重大な責任があると思います。株主に対しても責任があります。たしかシティグループの時価総額は、一時は２７００億ドルぐらいあったんですよ。それがピークで、今は70億ドル（２００９年2月末現在）ぐらいではないでしょうか。

２７００億ドルが70億ドルです。どうやって「シェアホールダーズ・インテレスト（株主に帰属する価値）」のために働いたといえるのでしょうか。誰もが「That's a joke.（冗談だろ）」というはずですよね。その間にいくら、ボーナスで持っていったんだよと聞けば、ボブは1億ドル以上持っていったというのが答えです。もちろん一文も返していませんし、その気もないでしょう。なぜ？　みんなしたことだから。

小幡　ひどいですね。

神谷　株主に対しては何ひとつ価値を作らずに、役員を含めた幹部社員たちで儲けを独占してしまったのです。会社を利用して、大きな失敗をやらかし、公的資金を投入してもらって、それでも立ち直れない。だが、自分が抜いたおカネは返さない。これを、私は〝合法的泥棒〟と呼んでいます。

他に、ハンク・ポールソン（元ゴールドマン・サックス会長、前財務長官）がやったことも最悪だと思います。だいたい、ポールソンをはじめとして、なぜゴールドマンの人たちが政権に入ってくるかというと、要は、「タックスホリデー」をもらえるからなんです。基本的に彼らは、国のために尽くそうという気持ちはあまりないと思います。

雑誌の『フォーチュン』によると、ハンクは5億ドルぶん、ゴールドマン・サックスの株を売って、税金を1ドルも払っていないのです。この「タックスホリデー」という恩典を得るために、みんな閣僚級のポストや海外大使になるのです。大使になれば、アメリカのノンレジデント（非居住者）ですし、外国では治外法権というポジションが得られる。その間に自分が貯め込んだものをキャッシュにする、つまり税金を払わないわけです。

そういう人物たちに比べると、ソロモン・ブラザーズの出身ですが、マイケル・ブルームバーグ・ニューヨーク市長のように、当選以来、無給で働いて、しかもニューヨーク州の中では最大の寄付をしている人もいます。しかし彼のような人は非常に少なくて、ほとんどの人は、極めて邪《よこしま》な動機でワシントンに入ってくるのです。

だから、ボブ・ルービン、スティーブ・フリードマン、そしてハンク・ポールソンという具合に、ゴールドマン・サックスの歴代ＣＥＯは、みんなそういうポジションをとってきたわけです。

キャピタルゲイン課税にしても何にしても、ずっと金持ち優遇策です。彼らは政府の中に入った究極のロビイストで、オバマが最も怒っているような政策が、彼らによってずっととられてきました。

入れても機能しない公的資金

小幡　そもそも金融安定化法の７０００億ドル、この資金のこれまでの使い方はどうですか。

そして、今後の使い道はどうなるのでしょうか。

神谷 ハンク（ポールソン前財務長官）が当初通そうとした金融安定化法というのは、最初はわずか3ページの法律で、とにかく7000億ドルを俺に使わせろというものです。これはファンドマネージャーの発想そのものですよ。全額、自由勝手に使える一任勘定をくれ、といったわけです。

彼の頭の中での理論づけというのは、おそらく安い値段で金融機関の優先株や資産を買い、納税者は儲かるんだからいいじゃないの、という安易なものでした。国民はそんなおカネの使い方などまったく望んでいない。

当然、議会は怒って、その代わりに出てきたのが、600ページ以上の法律になったわけです。大金融機関、すなわち上位の10行ぐらいで、アメリカの預金の50パーセントがあるんだから、その金融機関をしっかりさせることが大事だ、という説明で公的資金をガバッと入れたわけです。

入れた金融機関はメリルリンチやワコビアですが、たとえばメリルリンチは、ジョン・セインというゴールドマン出身の人間がCEOをやっていました。ワコビアのCEOは、ボブ・ハーストというこれもゴールドマンの出身者です。

両方とも買われる側の金融機関だけれども、やがて買った側のCEOを追い出して、自分がCEOになるかもしれない。要するに、ゴールドマン出身者が入っている。ポールソンは、結局、自分のお友だちがいるところにバアッとおカネを全部配っちゃったわけです。そして彼らはたっぷりとボーナスを持っていった。

１カ月か2カ月して、AP通信が、公的資金を受けた銀行に、このおカネは何に使ったんですかという質問をしたところ、まともに答えられる銀行は一つもなかったと報じています。つい最近、公的資金を受けた上位13行に本来の支援の目標が実現されたかどうかを確認するために「あなたのところの貸金は増えたんですか」と尋ねると、増えた銀行はほとんどありませんでした。

13行への貸出金が、その政府のおカネをもらったときよりもむしろ減少していたわけです。「あなたたち、いったい何にこのおカネを使ったんですか」と国民は当然怒っているわけです。3500億ドルですよ。アメリカの昨年1年間の財政赤字の7割に匹敵する金額が、何だか分からないものに全部使われてしまいました。

しかも、メリルリンチは100億ドルもらって、内40億ドルを社員にボーナスとして払ったわけです。AIGの救済も同様です。一般の被保険者を救済するためかと思ったら、ゴールドマンなどデリバティブの賭けに負けた支払いに充ててしまったわけです。救済されたのは一緒に賭博《とばく》していた大金融機関でした。「ザッツ・クレイジー!」というしかないですよね。

小幡 したがって、資本注入しても、お友だちどうしでおカネを持ち逃げしただけだと。めちゃくちゃですね。そして、依然、銀行は危機にある。それで銀行は債務超過で、また「資本を入れてくれ」といってくる。

神谷 ただ、勘違いしないほうがいいのは、アメリカの銀行がすべて債務超過なのかといえば、それは違うということです。たとえば、ゴールドマン・サックスについてはよく分かりません。たとえば、ゴールドマンが日本で持っているゴルフ場の価値が全部でいくらなのか、なんてことは分からないし、評価できません。会計上の技術的な問題かもしれませんが、値段がないものに無理矢理値段をくっつけてしまうのは、どうかと思うんです。

今、時価評価すべきだ、という指摘が結構あり、さまざまな議論が起こっていますが、明日突然つぶれたときのことを想定して計算するのか、あるいは、基本的に事業は継続するものであり、10年後、20年後も同じように継続しているかもしれないと想定して計算するのとでは、まったく評価が異なってくるはずです。

おそらく、どちらの基準を採用するかによって、数倍異なるはずです。だから、正味資本がどれだけあるのか、という質問に答えるのは、非常にむずかしいと思います。

小幡　倒産の際には、債務超過かどうかが問題になりますが、実はそれは、本質的な問題ではない。乱暴にいえば、まだ債務超過になっていなくても、ダメなものはダメなんです。

つまり、これから公的な資金を新たに注入するかどうかは、その資金が有効に機能して、経済全体のため、世の中のためになるかどうか、これで決めるべきです。銀行が倒産して、世の中、みんな困るんだったら、そして、救済すれば、企業に融資してくれて、経済がよくなるなら、当然、資金注入すべきです。今、債務超過であっても、あるいはまだ超過してなくても、すぐに注入すべきです。一方、資金を入れても、ボーナスで経営陣が持ち逃げするなら、どんな状況であれ、公的資金は入れるべきではありません。

神谷　それは信用の問題ですね。

小幡　そう。その信用が崩壊している中で、資金を入れても機能するはずがない。

神谷　今の状況は、純粋に債務超過なのかどうかという問題だけではなくて、いわゆる資金繰りの問題も大きいのです。たとえば、30年ものローンを出したときに、自分も30年ものの社債を出して、最後まで持ちきりであれば苦しまないわけです。

ところが利ざやを広げるためには、長期の資産を持つのに短期のファンディングでつなぎ、長短金利差を大きく取ろうとしてきたわけです。その短期のおカネが回らなくなった。資金調達ができなくなったとたんに、つぶれてしまうリスクが顕在化してしまう。そういう状況が続いているわけです。30年ものの住宅ローンを1週間とか、2週間のコマーシャルペーパー（CP）で運用していたツケが回ってきたんです。

小幡　そのあたりの資金繰りが行き詰まって破綻していくケースは、日本も同じです。日本のREIT（不動産投資信託）で「ニューシティ・レジデンス」という投資法人が倒産したんですが、倒産時点では、完全に資本超過で、借り換えに銀行が応じないという資金繰りの問題で破綻しているんです。

戦争が起きても解決しない3つの理由

小幡　今回の危機は、このままでは回復のチャンスはないし、従来の政策の延長、これまでの経済構造と既存の金融機関を維持したまま、財政出動、資本注入という方法では、単なるカネのムダ遣いに終わる。何か、劇的な変化が起きない限り、転換はありません。

そうするとすぐに、今回も戦争で乗り切ろうということになる、実際、もうすぐ戦争になるという説もあります。しかし、現在のアメリカは、戦争をするおカネもないので、そうはならないし、戦争でも解決しないと思います。

理由は３つです。まず、大恐慌のときの戦争による回復とは違うからです。大恐慌は、欧州で第二次世界大戦が起こって、アメリカがそこに参戦していないときに、大幅に回復した。つまり、世界の民需をアメリカが一手に引き受けたのです。欧州が大幅な財政出動をしてくれた。それだけのことです。ですから、今回、アメリカが戦争をはじめてもダメです。中国とインドが戦争する、ということなら別かもしれませんが、ただ、経済が回復しても、いずれにせよ、戦争で世界がめちゃくちゃになるのは最悪のシナリオで、自国の経済のために、他の社会を破壊するというのは許されません。しかし、まさに今回のバブル、他人のカネでギャンブルして儲けは自分でいただく、というのは、いわば、金融ギャンブル戦争を起こして儲けていたともいえ、武力の戦争と同じことかもしれません。

２つ目の理由は、当時のアメリカが、大恐慌後、あるいは第二次大戦後において、世界の中心であり続けることに誰も疑いを持たなかったことです。むしろ、より一層アメリカ中心の世界になるとみんなが思っていました。ですから、いったん危機が終わる兆候があれば、アメリカへの投資が、世界中から殺到しました。現在でいえば、中国がこれに当たり、危機が終われば復活する、と誰もが思っていて、誰もが今、投資するとすれば中国と思っています。一方、危機後のアメリカに対する投資が殺到する可能性はないと思われます。

3つ目の理由は、アメリカは当時、モノの輸出国でしたが、現在は、輸出するモノがほとんどないからです。当時は、世界の工場でもあり、農産物も輸出でき、しかも、資源も豊富で、輸出で稼ぐ手段が豊富でした。今は、世界から借金して、国内で消費する国家経済モデルで、売れるモノが減っています。

このように、当時と現在とでは、すべてが異なっています。そして、戦争自体の性質も変化しています。今は、かつてのような大規模かつ、国を挙げて戦争を行う「総力戦」にはなりません。「総力戦」とは学問上の専門用語で、過去2回の世界大戦の特徴として使われる言葉です。「総力戦」では国家のあらゆる資源、人的資源が戦争のために投入されます。ですから有効需要も半端じゃない。一方、今の戦争、現代戦は、一部の超高度な兵器、情報戦による、プロフェッショナルな戦争で民間は基本的に巻き込まない。ですから、たとえ戦争になっても、世界的な需要の波及効果は小さい。むしろ、資源高が起こり、インフレでかつ不況というスタグフレーションになり、最悪のシナリオになる可能性が高いと思われます。

ドルに代わる基軸通貨はあるのか

小幡　しかし、何より大きいのは、世界の中心が今後もアメリカかどうか、ということに関しては議論が分かれていることです。ここが一番違う。

世界はいつか回復します。いつ回復するかは、正確には分からないけれど、しかし、回復するとすれば、間違いなく、中国が最初だろう。そして、中国は必ず成長する。だから投資のタイミングはむずかしいが、投資をするなら、まず中国だ――誰もがそう思います。

次はインドかベトナムか、ブラジルか。順番については意見が分かれるかもしれませんが、これらの国々は今後も大きく成長することは疑いありません。しかし、アメリカはどうか。明らかに意見が分かれています。そして、少なくとも、これまでのように、世界を牛耳る世界唯一の大国、とはならないことにはコンセンサスがあります。となると、アメリカに慌てて投資する必要はなく、アメリカには資金が集まりません。したがって、アメリカはなかなか回復できないと思います。

このときに、一番怖いのは、前に指摘したように、基軸通貨がなくなってしまうことです。

基軸通貨は現在でも、一応ドルです。この基軸通貨を持つ国の経済が世界の中心ではなくなり、世界経済に占めるウェイトが低下していくことが確実である。そして、その国は、大規模な財政出動、大量の通貨発行を行おうとしている。議会が厳しいから、中央銀行に大量のリスク資産を引き受けさせている。こうなると、ドルの価値は大丈夫か、とみんなが心配になります。

もともと、アメリカは孤立主義で、世界経済よりも、とにかく自国経済だった。その国の通貨が基軸通貨になれたのは、圧倒的な経済力、軍事力を持っていたからです。その両方が揺らいでいる。9・11で軍事が、今回の危機で経済の凋落《ちょうらく》がはっきりしてしまいました。

しかし、それなのに、次の基軸通貨が見当たらない。これこそ、世界経済の最大の危機です。ドルはよくないが、ユーロもダメだ。もしかしたら、バブル崩壊のダメージは欧州のほうがきついかもしれない。円は政治的に頼りないから、世界の中心ではありえない。元は、通貨としては、明らかに未熟だ。仕方なく、ドルを使い続ける、というのが現状です。

実は、先日、日本銀行の白川総裁が東大で講演を行ったときに、基軸通貨について質問したんです。「基軸通貨に対する信任が低下し、暴落したり、ハイパーインフレーションになったりしたときに、第二、第三の通貨としては、あるいは、その発券銀行としては、どうすればいいでしょうか。それに備えて、何をしておくべきでしょうか」という僕の問いに、「ドルが基軸通貨でなくなることはない」と。「取って代わるような通貨が現れていないから、ドルが基軸通貨でなくなるということは考えていない」という答えが返ってきました。

しかし、これが、公式にはそれしかいえないという建前のコメントではなく、本音だとしたら、認識が甘いと思います。世界の基軸通貨が存在して、国際金融がこんなに便利になったのはごく最近のことです。世界中で信用できる通貨が一つもない、そんな状態になる可能性はあるし、歴史上は、そういう時期のほうが圧倒的に長いわけです。紙切れなんて信用できない、モノしか信用できない、そんな時代が来ても何も不思議でありません。

神谷　そのとおりだと思います。実際に、今投資家の中には石炭や森林を買っている人もいますからね。モノにリスク回避しているわけです。２００９年３月にＦＲＢが国債を市場から買うと発表すると、いよいよＦＲＢによるドル札の印刷がはじまる、すなわちインフレのはじまりと、為替市場や商品市場も敏感に反応しました。

貨幣はなくならない、という誤解

小幡　通貨危機というと、金（ゴールド）へ逃避、というのがセオリーで、実際、現在は「金」ブームですが、実は「金」というのは微妙です。それは、「金」はおカネだからです。

おカネには、つまり、貨幣には、２つの要素があって、交換の手段として流通していると いう面と、価値、資産の保蔵手段という面です。かつて、「金」は、前者の交換手段として も通貨、貨幣だったわけですが、現在は、資産の保蔵手段としてのおカネである「金」です。だからこそ、ドルが値下がりするのが怖くて、「金」が買われているわけですよね。

でも、だからこそ、「金」もダメなんです。今は、貨幣的なもの、金融的なもの、それらの価値がすべて暴落している。資産価値崩壊恐慌です。資産バブルの反動です。ということは、「金」もこの金融資産ですから、本当のモノ、すなわち、カップラーメン、靴下などの消費財の必需品と比べたら、価値の暴落危機にさらされる恐れがあるのです。もう一段、金融危機が深まれば、「金」に逃避させていた資産をさらに処分しなくてはならなくなる投資家、国が出てくる。そうすれば「金」は暴落します。ドルに比べれば、相対的にましかもしれませんが、所詮、同じ仲間なのです。

だから、「金」ならプラチナのほうがまだいい。自動車の排ガスの触媒《しょくばい》など、環境のための貴重な資源としてのプラチナは、モノとしての価値を評価されている面があるわけですから。

ただし、現実には、このモノにも、金融資本の魔の手が伸びています。原油、穀物が、2007年のパリバショック後急騰したのは、あきらかに資産価値保蔵手段としての買い、そしてそれを狙った投機でした。今も同じです。資源は安くなり、原油は暴落しましたが、それでも、原油価格の現状として、実物の原油の価格と原油の先物価格には開きがあり、先物が投資先に選ばれているため、現物よりも常に高くなっているのです。このアービトラージ(裁定取引)で儲けているという人がいるくらいです。原油が値上がりしたとしても実需ではないからいつ下落するか分からず、原油というモノですらその価格、価値を信用できない状況です。

神谷　つまり、どこにおカネを置いておけばいいのかまったく分からないということですよね。置き場がない。

小幡　現在、保護貿易主義の流れが怖い、経済のブロック化を何としても食い止めねば、といっていますが、僕は保護貿易の前に、まず金融の保護主義化、ブロック化が起こると思うんです。いやもうすでに起こっているといえるでしょう。これまでの金融資本が崩壊している現在ほど、逆に、新しい資本が貴重なときはない。資本が流出した瞬間に、新興国の経済は崩壊します。利益を上げるために、すべての投資機会をとらえようと過度なまでにグローバルに移動していた金融資本を、いきなり、自己防衛のため、政府によって自国内に引き止められれば、クロスボーダーの投資は止まります。さらに、現在は、各国政府が金融機関、企業を救済するかどうか、それにより株価が決まりますから、政治的に、外国資本がリスクをとって投資するのは、不利を強いられる恐れがあるので、むずかしい。すでに多くの政府系ファンドにおいて、アメリカの金融機関に対して投下した資本が大幅に毀損《きそん》しています。このような状況では、唯一の望みである政府系ファンドなどの政府資産はクロスボーダーには移らないのです。

こうなると、ネットワークがすでにあるところ、顔が見えて信用できる仲間にしか、おカネを出しません。大富豪一族なら、そのコネがあるところにしかおカネを流さないし、日本国内でいえば、グループ企業にしか資金を貸さない、となる可能性がある。明らかな縮小均衡です。日本の不動産マーケットでは、これがすでに起きている。

神谷　これが本当の信用収縮ですね。株価の下落、融資の引き揚げという単なる現象とは次元が違う。信用経済の終わり。資本主義よりもさらに根本にあるものが、崩壊してしまう。

小幡　信用がなければ、共同作業自体が成り立ちません。それが金融市場で起きれば、金融資本を投下して事業が行われるということがなくなってしまうのです。

金融の本質は信用である、すなわち、あなたを信用するからおカネを預ける、ということなのですが、これが、この信用収縮でむしろ明確になりました。これは、現在の堕落《だらく》した金融機関にとってはよいレッスンですが、経済全体にとっては終局的な危機です。なぜなら、信用がなければ、おカネが流れてこない。今は、信用危機で、お互いが信用できない。終わりじゃないですか。

金融の縮小は、信用の縮小です。そして、貨幣とは信用そのものです。貨幣を持っていて安心なのは、そのおカネ、貨幣をモノと交換しようとしたとき、つまり、何かを買おうとしたとき、相手が必ず受け取ってくれるからです。だから、ハイパーインフレーションでは貨幣経済は崩壊します。持っている貨幣は、刻々と価値が失われていき、したがって、誰もその貨幣を、大事なモノと交換して受け取ってやろうと思わないからです。

南米ではオイルショック後、これが起きましたし、第一次大戦と第二次大戦の戦間期には、ドイツで起きました。社会主義が崩壊した後の旧ソ連、東欧諸国でも起きました。ある通貨について、これが起きるということは、もちろん基軸通貨についても起きるはずですし、さらに、すべての通貨について起きても不思議ではありません。基軸通貨が消滅するのは不便ですが、信用がなければ必然です。小国で起きうることは、地球という小さな世界でも起きるのです。

これは貨幣の終焉《しゅうえん》、資本主義経済の終焉です。実は、ここにもう一つ大きな問題の答えがあります。資本主義イコール貨幣経済と思われていることが多いのですが、なぜそうなのかと。一般的には、何となく一緒にしているだけかもしれません。あるいは、資本主義経済において貨幣が発達していない経済はあまり見かけなかったので、一緒にしているのかもしれません。しかし、この本質は、資本主義が発展するためには、貨幣が大活躍しなければならない、という事実を多くの人が無意識のうちに感じているからだと思います。

つまり、資本主義経済とは、資本が威張っている経済で、資本を持っているものが強いわけです。資本がなぜ強いかというと、希少になっているからで、みんなが欲しいのに、持っていない。資本さえあれば儲かるのに、ということです。したがって、資本を持っているものは富を殖《ふ》やし、蓄積します。いわば資本は自己増殖します。このとき、資本は実体経済に投下されるわけで、資本を出した人は出資者と呼ばれます。要はおカネを出した人ですね。

神谷　資本を投下するから「投資」という言葉になるわけですね。

小幡　ほら、ここに資本主義と貨幣経済は一致するのです。資本はおカネ、おカネは貨幣じゃないですか。資本を増やすことはおカネを殖やすこと、おカネを殖やすとは、貨幣が増えることです。さらに重要なのは、資本主義において、資本が儲けるには、資本の増殖速度が重要です。ファイナンス的には、資本回転率などといいますが、つまり、資本が速く動くこと、貨幣が速く回ること、これが成長する資本主義経済です。資本が直ちに利益を生み、それが再投資され、またそれが儲かって資金を回収して、さらに別のところへ投資される。つまり、活気のある資本主義経済は、貨幣の回り方、金融では貨幣速度といいますが、これが速いのです。貨幣が大活躍するのです。

貨幣は人々の間を転々と移動しますが、これを可能にするには、貨幣に絶大なる信用がないといけません。貨幣を受け取るときに、いちいち検査、審査、売り手の信用を審査していては、スピードが遅くなってしまいます。土地が最も価値があり、土地が貨幣の代わりであるという土地資本主義であったと、１９８０年代の日本ではいわれましたが、やはりそれではスピードが遅い。また、株価資本主義といわれましたが、これも、信用が長続きしない。

すぐにバブルになって、すぐに崩壊してしまいます。バブルになった会社への信用はすぐになくなってしまうからです。

これまで、貨幣は絶大なる信頼を受けてきました。「おカネを貯める」とはいいますが、「土地を貯める」とはいいません。しかし、一方、貨幣の危機は、ドイツ、南米、旧ソ連、東欧と、実は、部分的には頻繁に起きてきたのです。もちろん、終戦後の日本も忘れてはいけません。

となると、政府が大きく変わるとき、あるいは変わったとき、旧社会主義国も終戦後の日本もそうですが、貨幣は危うくなるのです。今、アメリカは、チェンジ。これまでの、金融資本主義が変化するとき。貨幣が危うくなって不思議はありません。そして、それが世界同時に起こることももちろんあります。金融市場自体が世界同時に崩壊したのですから、すべての貨幣が同時に崩壊することは、論理的には、必然的な帰結です。実際にそうなるかどうかは、この危機がそこまでひどくなるかどうか、それだけの問題で、起こりえないことではないのです。

神谷　イギリス、アメリカ、日本の中央銀行はそろって市場で国債を買うと発表しました。欧州諸国はそこまでしません。この間には大きな違いがあります。これまでグローバル、グローバルといってきました。モノを売ったり、買ったりする世界では、たしかに国境線の意味は小さくグローバルだったわけで、送金という面でも、どこにでもおカネを送ることのできるシステムを作ってきました。

しかし、厳然としてある事実は、国民経済があって、その国民経済の中に、中央銀行と財務省があるということです。EUは欧州中央銀行（ECB）のみ1行にしたけれど、財務省は国ごとに存在し、一つにまとまっていません。基本的には、国民経済の原則的な枠組みというのは変わっておらず、やはり一国の経済というのは、一中央銀行と一財務省が見ることになる。それぞれのテリトリーの中でどう始末をつけるのか、というのが課題になっているわけです。

要するに、協調だなんだといっても、現実的には、各国政府のものの考え方は当然異なるし、その結果今後は保護主義がジワジワ台頭してくるということになるのではないでしょうか。保護主義の本質というのは、近隣窮乏化《きゅうぼうか》対策です。どんなに美しいことをいっていても、誰もが腹の内にあるのは、自分の通貨だけ余計に切り下げて、少しでも多く外に売って儲けようという考えです。そのためには保護貿易主義になってもかまわない、それが、各国政府の本音です。もっとも今の韓国は、通貨を切り下げても、輸出相手国に需要がなく、ま

った く輸出が伸びないという苦労をしています。

小幡　現実問題として、金融を利用した保護主義というのはやりやすいわけですよね。通貨は常にそう利用される。しかし、その弊害は世界的に見て大きいということですよね。

ハイパーインフレーションへの引き金は引かれた

神谷　それと、もう一つ心配しているのは、やはりインフレの問題です。今後、アメリカでは、景気刺激策やバッドバンク構想などに、莫大な資金が使われるわけですが、それは、国がそれだけの金を集めてしまうことを意味します。国が莫大な資金を集めてしまえば、いわゆる「クラウディング・アウト」[*22]が起こり、おカネが民間に回っていかない現象が起こる。民間は、おカネを借りられなくなってしまうわけです。

それを世界中でやってしまおうというわけですから、大変です。それじゃあ、民間の借り入れを全部政府が保証しますとか、民間会社の出すＣＰ（コマーシャルペーパー）を全部中央銀行が買いますとか、そういう必要が出てきます。

あるいは、金融をすべて国が抱え込むシステムに変えてしまうのか。いったんそうしてしまえば、それをもう一度民間のベースにどうやって戻すのか。いわゆる「国有化」を実施してしまった後で、もう一度民営化することのむずかしさは、すでにみんな知っているわけですよね。

日本の国鉄でも、民営化されるまでに何年もかかっていますし、フランスでもEDF（フランス電力公社）などの例があります。民間会社がいったん全部国営になって、それから民間に戻すというのには、大変な時間と作業が必要になるわけです。

民間に戻してはじめて健全な金融システムなり、経済に戻るのですが、そこまでには、長い、長いプロセスが必要になってくる。

小幡　しかも、たとえ国有化自体がうまくいったとしても、そのために財政は破綻寸前までいくことになる。この資金をどうやって返すのか、という問題も残ります。

神谷　たとえば、アメリカ政府の今後10年の財政赤字の10兆ドル。誰が返すのでしょうか。前にもいったように、国民が税金を使って返すしか方法はないのですが、さまざまな政策で債務がどんどん増えていったときに、景気が回復して税収が上がり、返せればいいですよ。

でも、レーガノミクス以降を見ても、結局返しきれていないわけですよね。たとえば、小さな政府で大規模な減税をして、民間におカネが行きわたるようになったところで、「さぁ、みんな使いなさい」といっても、その結果として税収が上がり、最終的に全部きれいになります、ということは結果として起こらなかったわけです。

今回の景気刺激策は、個人の消費者も企業も借金をしてまでおカネを使わなくなってしまった、だから仕方なく、全部国が借金して使う、という構図です。

その方法は成功すればいいけれど、成功しなかったら、借金だけ残ってしまうことになります。そうなったら、どうするんですか、という議論がまったく行われていません。

そして、先にもちょっと触れましたが、まず国が使うための莫大なおカネを誰が貸してくれるのでしょうか。私は、誰も貸してくれない、と思います。今年、アメリカ政府がやらなくてはならない国債のオークション、いわゆる国債を入札して発行し、資金調達するわけですが、その入札は、実に年間365日中200日もあるわけです。

どこかで入札の札が足りないとなると、当然、金利がグンと上がりますよね。実際に札が足りないということは、米地方債でも英国債（ギルト）市場でも起こった。そうなったら、どうするのか。結局は、日本でいえば中央銀行である日本銀行が引き受けるしかないわけです。日本銀行はお札の発券銀行ですから、お札をどんどん印刷することになる。

その先のことはどうなるのか。私もときどき聞かれて「答えはないよ」というしかありません。すると「じゃあ、ドルは暴落するんですか」とまた訊かれてしまうわけですが。

小幡　しかも、そういう状況はアメリカだけじゃなくて、今や全世界に拡大しています。

神谷　ヨーロッパもひどい状態ですね。金融機関などが、そろって証券化された金融商品を買ったものの、担保は全部アメリカにあるわけですから、ヨーロッパの人はみんな証券だけ持っていて、押さえるべき担保は自分の国には存在しません。まだ、アメリカ人は押さえる担保がそこにあるだけマシということです。

ヨーロッパは、現在では非常に脆弱《ぜいじゃく》な状況に陥っています。英国ポンドは大きく下落し、アイスランドクローナは対ドルで数分の１となり、まったく信用のない状況になってしまいました。東欧諸国も同様の状況です。

通貨は相対的なものですから、ドルよりポンドは悪いのか、ドルよりユーロはましなのか、といった問題は非常にむずかしい問題ですから、簡単には答えられません。

しかし、昔は「金」の裏づけがあって、お札が発行されていましたが、今はそういうものから解放されて、勝手に中央銀行がお札を刷れるようになっています。

２００９年のアメリカの財政赤字は１・８兆ドル。連銀はすでに国債を市場から買いはじめました。今後どんどんお札を刷っていくでしょう。モノ対紙（お札）の対比では絶対にモノの値段が上がって、紙（お札）の価値は下がってきます。そのときになって、いわゆる「ハイパーインフレ」の問題が必ず顕在化してくるでしょう。

（p. 63）

＊16 スティミュラス・パッケージ（景気刺激策）…オバマ政権がまとめた経済対策。総額７８７２億ドルの景気対策法案で、勤労世帯向け減税からインフラ整備、教育、医療、環境エネルギー投資まで広範囲な財政出動を目指している。３５０万人の雇用創出が狙い。

＊17 バッドバンク構想…正式名称は「公共―民間投資プログラム（ＰＰＩＰ）」。政府と民間が共同でファンドを設定し、経営危機に直面する銀行から不良資産を買い取る。ファンド資金の借り入れは、政府機関による信用保証をつけており、この信用保証があることによって、民間の投資マネーが呼び込まれる。

（p. 64）
＊18　**CP（コマーシャルペーパー）**…企業が資金調達を行うために発行する短期の約束手形。CP（Commercial Paper）の略称で呼ばれる。無担保の割引方式で発行され、発行体は優良企業に限られる。金融機関が引き受けて、機関投資家に販売される。

（p. 76）
＊19　**レーガノミクス**…レーガン政権時代の経済政策の一つ。供給面からの経済刺激を主張する「サプライサイド経済学」に基づいており、大型の減税によって実現させる。通常は、減税を経済の需要面から刺激する政策を考えるが、レーガノミクスは供給面を刺激することに大きな効果があると主張した。当初は「呪術経済政策（ブードゥー・エコノミー）」と揶揄《やゆ》された。

（p. 81）
＊20　**クロス・セリング**…単一の商品だけでなく、関連する別の商品やサービスをセットで販売する方法。購買単価を上げるといったメリットがある。銀行などの金融ビジネスでも、単一のサービスだけでなく、複合的な商品やサービスを提供するようになっていた。

＊21　レバレッジド・バイアウト（ＬＢＯ）…企業買収（Ｍ＆Ａ）の方法の一つで「ＬＢＯ(Leveraged Buyout)」とも略される。これから買収する企業の資産や現金収入（キャッシュフロー）などを担保にして、金融機関から買収資金を調達する究極の企業買収。買収後に買収した企業の資産などで返済する。少ない資本で大きな資本の企業を買収できるメリットがある。（p.104）

＊22　クラウディング・アウト…政府が急激な経済政策などで公共事業を行うときに、その資金調達法として国債などを大量発行することになる。その結果、金利面などで有利な国債に市場の資金が集まってしまい、市中に資金が不足するために金利が上昇したり、民間の経済活動を阻害してしまうことが考えられる。そうした現象をクラウディング・アウトと呼ぶ。

PART 3
金融と経営の原点へ回帰せよ

アメリカで発売されているおもちゃ「スクイーズ・ザ・バンカー」(120ページ参照)。

失われたのはお金ではなくビジネスモデル

小幡　日本のバブル崩壊で何が失われたかというと、不動産価格でも株価でもなくて、実は「銀行のビジネスモデル」だったんじゃないか、と思います。かつては、銀行員が町工場を回り、社長の人格を見て融資をして、数字の裏づけを取りつつ、資金支援、アドバイスをする、というのがきれいなモデルで——すべてそんなにきれいだったわけではないでしょうが——、1つの典型的なパターンでした。

しかし、1980年代半ば以降、不動産バブルが盛り上がってからは、そんなものは銀行員にとっては馬鹿馬鹿しくなった。だって、隣の支店長は、タバコ屋にペンシルビルを建てさせて10億円融資し、すぐ転売させて、融資をノーリスクハイリターンで回収、実績を上げ、出世して本店の部長クラスなのに、自分は、こつこつ、工場回って500万円ずつ貸していてもとても追いつかず、一生支店長止まり。こつこつと町工場を回って融資なんかやっていられるか、ということになり、みながペンシルビルに融資するモデルに走ってしまった。

その結果、相続や土地の利権関係にはくわしくなったが、技術や人間の信用で貸す、というビジネスモデルはなくなってしまった。この過程でノウハウも失われてしまい、バブルが崩壊して、再生も終わり、いよいよ前向きな融資の復活を、と思ったときには20年経《た》っていて、原点回帰しようと思っても、経験者がゼロで誰もできなくなっていた。

神谷　真面目にやろうとしていた銀行員も、結局は銀行内の出世競争に巻き込まれてしまった。それで気がついたら、基本的な融資の仕方など、まっとうだったビジネスのノウハウまでもが失われてしまった、という構図ですよね。

小幡　そうです。バブルが崩壊して、ある程度打撃を受けて反省して、従来のビジネスに戻ろうとした。ところが、ハートは戻ったけど、失われたビジネスのノウハウは戻ってこない。

アメリカは、今回のバブルが長期にわたったので、ビジネスのノウハウは多方面で失われていると思います。ゴールドマン・サックスが上場したのは１９９９年ですが、投資銀行の変質は以前から起きており、神谷さんが、ご著書でもお書きになっていたように、だいぶ前から「良識あるバンカー」は少数派になっていった。ビジネスモデルそして経済社会システムを元に戻すには、そういう人を探さなければいけない。

神谷　日本の戦後の金融システムでは、貯蓄が奨励されて、銀行に預金がどんどん入ってきました。その豊富な資金を背景に、日本のメインバンク制度は成り立っていたのです。

通産省（現経済産業省）などが、この分野を伸ばそうという政策を立て、各企業がその意向に沿ってビジネスを展開すると、当然、メインバンクも取引先の会社に協力する形で、株を何パーセントか保有する。銀行員は、社長のゴルフの予約を取るぐらいは当たり前で、お嬢さんの結婚の仲人《なこうど》を務めるといったことも含めて、家族ぐるみの付き合いをしたわけです。

社長だけではありません。その会社の担当者以外の人とも強い絆《きずな》を形成して、その会社のために、それこそありとあらゆることをしました。そうした絆を通して、会社が危なくなると、どうやって雇用を維持するのか、一緒に悩んで問題を乗り切ろうと努力したわけです。

融資の際の金利についても、リスクが高くなったからといって、すぐに高くするのではない。現在なら、経営基盤が揺らぐような事態になると、金利を上げ、回収も急ぎ、債権の保全に走るのですが、当時は逆に金利を安くし、手を引く他の銀行のぶんも肩代わりするなどして、取引先を守ることに力を注いだのです。

消えてしまった「バンカー」

小幡　そういう真のメインバンク制度が崩壊して、すでに久しいわけですね。

神谷　そうですね。メインバンク制度の功罪はいろいろあると思いますが、それがなければ、現在の日本の中核を成す企業はとっくになくなっていたと思います。ただし、このメインバンク制度が崩壊した理由は、銀行だけの責任ではなく、金融庁の指導によって、そうした方向に向かったということにもあるようです。まともな銀行業をしたいという銀行員から、それができない理由として、金融庁の指導に対する大きな不満の声もよく聞きます。

　昔話になりますが、私がかつて在籍していた住友銀行（現三井住友銀行）にはこんなエピソードがあります。松下電器（現パナソニック）がまだ誕生して間もないときに、住友銀行にはじめて融資を申し込みに行ったときのことです。当時の松下の財務部長から伺ったのですが、そのとき、住友銀行の支店長が、「あなたのところは売掛金が多すぎるから、夕方の5時になったら全社員で売掛金の取り立てをしていらっしゃい。それをすれば、銀行からお金を借りないで済むはずだから」とアドバイスしたそうです。

　で、松下の社員は実際にそうした。松下幸之助さんの奥様がお味噌汁を作って、売掛金の回収を終えた社員が引き上げてくるのを待っていたそうです。そして、3カ月後、本当に売掛金が全部回収でき、手持ちの現金が豊富になってキャッシュフローが潤沢《じゅんたく》になった。それで、「支店長のおっしゃることを聞いたおかげで本当に借金をせずに済みました、ありがとうございました」とお礼に行かれたそうです。

次に、その支店長に、今度は工場を作るのでお金を貸してくれないかと頼みに行くと、支店長はすでに人物を見ていますから、即断即決で融資を決めたそうです。その後、住友銀行と松下電器というのは、「一行取引」という形で1985年のプラザ合意のときまで親密な付き合いが続くわけです。メインバンク制度の典型的なスタイルといっていいでしょう。

こうした関係が、かつて日本の銀行と会社の間には成立していました。それを背景に、松下と同じようにして三洋電機、ソニー、マツダ、出光といった会社のアントレプレナー（起業家）がドッと出てきた。こうした動きが、戦後復興の活力につながったのだと思います。

小幡 アメリカの銀行でも、かつての住友と松下の関係に見られるようなことをやっていたのでしょうか？

神谷 アメリカでは、もともとは投資銀行がこうした役割を担ってきました。フォードを育てたのはゴールドマン・サックス、GMを育てたのはモルガン・スタンレーという具合です。投資銀行のパートナーが、自分が担当する会社を成長させることを生き甲斐《がい》としていた。それが、いわゆる「バンカー」だったわけです。私はいまだにこの昔のバンカーのスタイルを継承し、かつての住友銀行流、かつてのゴールドマン・サックス流の仕事を、小さい会社で一生懸命続けています。「フォードのインベストメント・バンカーはジョン・ワインバーグ（元ゴールドマン・サックス会長）だよ」って、誰もがいうような関係を顧客との間に築くことを生き甲斐としてコツコツとやっているんです（笑）。

ところが、アメリカの場合、銀行と証券の分離条項が解消された1999年以降は、私がいうところの「バンカー」たちは、大投資銀行の中では偉くなれなくなった。稼ぐ絶対額が小さいからです。実際に稼ぐのは、巨大なバランスシートを使って相場を張っているトレーダーといわれる人々になってしまったのです。

たとえば、現在のゴールドマン・サックスのチェアマンをやっているロイド・ブランクファイン、バークレイズのボブ・ダイアモンド、クレディ・スイスのブレイディ・ドゥーガンなど、みなパソコンのスクリーンだけを見て育ってきた人たちです。バークレイズはイギリス、クレディ・スイスはスイスの銀行ですが、これらの人はみなアメリカの投資銀行のトレーダー上がりです。

彼らは、証券を安く買って高く売る、という取引の上手な〝トレーダー〟たちで、投資銀行内では〝バンカー〟とは呼ばれていません。債券のトレーダーが多いようですが、顧客と接するとか、企業を育てるなどといったことに時間を費やしたことのないような連中が、みな大金融機関のトップになっている。それが欧米の巨大投資銀行の現状なのです。

小幡　そうしたら、今は、誰がバンカーの役割を果たしているんですか？

神谷　そういう意味で、「企業を育てる」「企業の面倒を見る」という風土は、アメリカの投資銀行からもなくなりました。日本も、たとえば、それぞれの会社が持っている土地の担保価値をコンピュータではじき出し、「遊休地があったら建物を建てなさい。建設資金を100パーセントつけます」とか「使っていない工場用地が地方にあるならゴルフ場にしましょう。ゴルフ場の会員権をプリオープン価格で売るならば、買う人に全部ローンをつけます」というようなことばかりやってきたせいで、経営者を見て融資の可否を判断するということができる銀行員がいなくなりました。

この前シティバンクの人から、融資担当が足りなくなったので、OBを再雇用し、彼らに融資のノウハウを教える集合訓練の指導員を頼んでいたが、その予算も削られてしまったと聞きました。そういう意味では、本当の融資担当者というのが、アメリカにも日本にもいなくなってしまったのではないかと思っています。かつては、銀行ごとに融資のノウハウが少しずつ積み上がっていたんですけどね。

私の著書の読者に、旧三菱銀行の融資担当から支店長になったキャリアを持つ方がいるのですが、彼は現在、銀行を問わず集まった行員たちに教室を開き、融資のノウハウを教えているそうです。彼のような、融資についてきちんと教えられる人材が、各行ともに非常に少数になってしまったからなのです。

銀行のビジネスの中心を、証券を市場で安く買って高く売るというトレーディングビジネスから、本来の役割を取り戻して企業の脇役に戻すというのは大切なことです。ところが、それが非常に難しくなっているというのが現状です。

ただ、こうした企業を育てるタイプの銀行業務というのは、大銀行でなくとも十分にできる仕事です。私のように大金融機関から外に飛び出して、こぢんまりとした会社を作ったほうが、かえってやりやすく、今後はそういうバンカーがどんどん現れることを期待したいと思います。

〝トロフィー・ワイフ〟は成功の証し

小幡　僕ら日本人が「ウォールストリート資本主義」に疑問を持つぐらいですから、当然アメリカ国民は、金融業界に対して不満がありますよね。

神谷　もう全員めちゃくちゃ怒っています。

小幡　多額のボーナスをもらって辞めたトップ個人に対して？　それとも投機していた金融機関、ファンドなど業界全体に対して怒っているんですか？

神谷　私もですね、自分の職業について人に話すときに、以前には堂々と「インベストメント・バンカーです」っていえたのですが、最近はちょっと人前ではいいにくいかなぁ。だからリーマンショック以後は上半分をとって単に「バンカー」ということにしています（笑）。それぐらい投資銀行は国民に恨まれている。

小幡　当然といえば当然ですが、日常生活の中でも憎悪が垣間《かいま》見られるんですか？

神谷　そうですね。たとえば、今「スクイーズ・ザ・バンカー」というおもちゃがあるんですよ。有名な投資銀行家やセントラル・バンカーを押しつぶして遊ぶおもちゃです。元財務長官でゴールドマン・サックスの会長だったハンク・ポールソンなどがモデルにされています。日本だったらクギをトンカチで刺すようなおもちゃになったかもしれませんが、アメリカだと、ぐっと握りつぶすというものになった（笑）。それぐらい憎悪の対象になっているわけです。

小幡　アメリカの中心産業である金融業界を憎悪してしまうと、社会として厳しいのではないですか。これまでは、一般の国民にとって、投資銀行はあまり関係のない存在で、気にもかけられていなかったけど、いきなり悪役として登場してきた、という感じなんですか。アメリカ国民は、消費者としては、金融にどう関わってきたのですか。

神谷　アメリカ全体から見ると、消費者金融という業態が圧倒的に発達していて、全国民を借金漬けにし、その借金によって消費をさせ、過剰消費によって、身の丈以上に景気をよくしてきたということでしょうね。

むろん、消費者金融の最前線に立つのは銀行ではありません。モーゲージ・ブローカー*23や自動車ディーラーをはじめ、家具店、電器店にいたるまで、あらゆる店が扱って、金利ゼロとか、最初の12カ月は返済不要とか、あの手この手の宣伝文句で消費をあおり、サラ金地獄に誘い込んできました。

そこから先は、投資銀行がその債権を買って証券化し、販売店には現金を渡して、自らはその現金からフィーをとった。将来を予測することは不可能ながら、支払われるであろうお金を計算し、投資銀行の銀行員たちが、今日手に入れることのできる現金にして持って行ってしまったのです。ローンというのは「返済されてナンボ」の世界なのですが、実際には返済を待たず返済見込み額を手に入れることができるようになったわけです。格付け機関は、

〝甘甘〟の格付けを与え、そうした証券を世界中の投資家に買わせることを手伝った。これも将来、本当に支払われるかどうかも分からないのに、格付け手数料を稼ぎたいからでした。結局消費者は借金によって身の丈以上の生活をし、贅沢《ぜいたく》に流れてしまった。投資銀行家たちはわが世の春を謳歌し、中には別荘を3軒、4軒と持つような者も出た。その上、奥さんを何人も取り替えたりして。その奥さんにしても、本人と結婚したのか、銀行家たちが持つカネと結婚したのか分からないようなのもたくさんいた。

小幡　いわゆる「トロフィー・ワイフ」ですね。ビジネスで成功した人だけが慰謝料を払って離婚でき、代わりに若くて美しい奥さんをもらえる資格があり、その奥さんが賞品で、トロフィー・ワイフということです。しかし、奥さんがトロフィーというのも、それを見せびらかしにパーティーなど人前に喜んで連れてくるというのも、そして何よりそれがプラスという発想が理解できない。いつ頃からこのようなことが起きたのでしょうか。

神谷　ひどくなったのはこの10年、20年でしょうね。おカネを持っているからといって、決して幸福には見えない人たちですけどね。

本当は年を取っていても、自分はまだ肉体的にも若い。こういう若い女をまだ満足させられるんだ、といった自己顕示欲があるんでしょうね。離婚は、アメリカではものすごくおカネがかかるから、離婚できるというのはそれだけでお金持ちの証拠にもなる。
まあ、周りがみんなやっているから、自分もやらなきゃ、っていう後期中年金持ち男たちの「ピア・プレッシャー」の一種かもしれませんね。

小幡　だから、みんな競うように奥さんをとっかえひっかえしているのかな（笑）。日本だと、競う対象は、銀座のクラブとゴルフ会員権でしょうか。

神谷　ともあれ、そういう退廃した考えというのが、ここ数年のアメリカ社会には蔓延《はびこ》っていました。私自身は、お金は失《な》くしたらまた稼げばいい。お金は、一番価値あるものではない。失くしてもかまわない。しかし本当に失ってはいけないものはお金では買えない。一度失くしたらとり戻せない、と考える人間です。私が『さらば、強欲資本主義』（亜紀書房）を書こうと思ったのも、こういう拝金主義に代表される精神的な退廃に我慢ができなくなったからでした。

小幡　ヘッジファンドの内幕、彼らの日常生活をヴィヴィッドに描いた『ヘッジホッグ――アブない金融錬金術師たち』（バートン・ビッグス著、望月衛訳、日本経済新聞出版社）という本があります。これがとてもおもしろく、一度、書評を書いたことがあります。

神谷　存じませんでした。それはどういう方が書いた本ですか？

小幡　著者は長らくモルガン・スタンレーにいた後、自分でヘッジファンドを立ち上げた人です。かなり年輩の人ですが、投資あるいはトレードが本当に好きみたいなんです。

プロ中のプロがこんな投資をして、こんな気持ちになって、神経戦を戦っている。ただ儲けて損して、ということの繰り返しにすぎないんだけど、その裏はかなり人間的だなあってエピソードがたくさん出てきます。また、プライベートライフや家族の話もたくさんあって、たとえば、見栄張り競争。どんなにお金が失くなってファンドがヤバくなっても、奥さんはそれを絶対に許さないから、破綻寸前でも家賃１０００万円の自宅から移れないとか。引っ越すのは、マンハッタンから夜逃げするとき。チャリティとかも当然欠かさないで、ぎりぎりのところまでがんばっちゃうんです。

きっと神谷さんは『ヘッジホッグ』を読む必要はないかもしれませんね。日々目《ま》の当たりにされている光景だと思いますから。

金融機関はメガバンクから小規模専業へ

小幡　危機から回復した後の、原因追究や制度改革についての話の前提となる、危機後の金融産業の姿についてお聞きしたいのですが、今回の経済危機が最終章を終えたとき、金融システムや金融機関はどのような姿になっているとお考えでしょうか。

神谷　銀行については、現在すでにシティグループがやっていますが、分離するところは分離して、それぞれの部門が独立する、という具合にサイズを小さくしていくと思います。これは規制の面でも、人の面でも、各社の経営効率の追求の面からも進むと思います。

結局、銀行業務もやる、証券業務もやる、といったような商品やサービスの「クロス・セリング」というモデルは、まったく機能しなかったわけですよ。どの金融機関もメガバンクを目指し、何でも売ろうとした。しかし、これはダメだった。

これは何も最近になって分かったことではなく、以前から分かっていたことです。たとえば、これは、私の友人で、以前シティグループの企画部門のヘッドだったタッド・トンプソンから聞いた言葉ですが、もう10年くらい前になりますか、日本で消費者金融会社との戦略的提携話を進めていたとき、彼が「ヒデキ、クロス・セリングというのはワークしたことがないんだよ」と、はっきりいったんですね。「じゃあ、なぜ目指すの」と聞くに聞けない雰囲気でシャーシャーと。しかし、タッドは正しかったのです。

やはり保険だったら一番いい保険会社、証券だったら一番いい証券会社、銀行預金だったら一番安全でサービスがいい銀行に顧客は行く。すべてが一つ屋根の下にあるということはありえない。特に、今みたいに金融市場が信用できないときには、極力リスクを分散する必要がある。一つの銀行の傘下に、自分の全財産を置くなんてことはありえないわけです。

だから、現在のメガ金融機関は、機能ごとに全部分離させて、独立したいのであれば独立させてやればいい。今後は、そうした流れになっていくのではないでしょうか。それが競争力を高める上での必須の作業となる中で、いまだ拡大志向を持ち続けるのは、もう完璧に時代遅れだと私には思えます。

小幡　この10年のユニバーサルバンキング、総合金融機関、ワンストップショッピングはみんな間違いですか？　でも、もうみんな合併などで大きくなっちゃいましたよ。

神谷　私は、それぞれがもう一度「専業」になっていくと思います。保険は保険専業、証券は証券専業、預金銀行は預金銀行として専業化するわけです。

かつて、アメリカの銀行は原則州内でのみ営業を許されていたのですが、やがてこの規制がはずれて全国レベルで営業をはじめました。しかし、そうなってしまうと、拡大することが優先事項になってしまって、銀行家が借入人の顔を見ぬまま貸すような社会が誕生してしまったわけです。それがもう一度、地方銀行という形になれば、銀行家は自分が地域で集めた預金を、相手の顔を見て融資するようになる。

私が住友銀行にいた頃のことですが、融資先を審査するにあたって調査カードを書かなければいけなかった。その最初の３センチで、融資の可否の９割は決まるといわれましたよ。最初の３センチ。これが経営者の略歴です。経営者が経営者として、さまざまな決定をしなければいけないときに、どういう人生を歩んできたか、これを審査する。これで融資の９割が決まるというふうに僕らは教わったわけです。

小幡　なるほど。銀行は専業となり、原点に帰るということですね。原点といえば金融の原点は信用ですよね。今は、この根本の信用の輪が切れているんだから、その輪をつなぐ必要があります。元へ戻さなくてはならないわけです。

ただ、今回のことで驚いたのは、住宅ローンは証券化されていたわけですが、当然、そのローンの一部、一番リスクの高い部分は、ローンを出した金融会社自身が常に持ち続けるスキームになっているはずが、そうはなっていなかったところです。ローンを最初に出した金融会社がローンを全部、何もかも売っぱらってしまっていた。

それは常識からいってありえない。まさに経済学でいうところのアドバースセレクション[*24]とモラルハザードが同時に起きてしまうからです。つまり、ローンを貸す金融会社は、貸出債権のうち質の悪いものだけを売り飛ばすし（アドバースセレクション）、証券化して売り払った後は、ローンに対しては、何の利害関係も持たないから、ローンのリスクにまったく関心を払わなくなる（モラルハザード）。それはいつか破綻するに決まっている。

そこまでめちゃくちゃになっていたわけです。逆にいうと、それなら、ゼロベーススタートでも何の未練もない。新しい金融の形を、原点から作り直していいのではないか。既存のものは全部捨てて。

ただ、そういう新しい形というのは、やはり社会が作り出すものであって、一個人でデザインしようとしても、たぶんできないと思うんですね。意識としては、お互いもっと信用を取り戻そうとか、関係を回復しよう、といった個々の積み重ねによって社会として新しいデザインができてくると思うのです。

神谷　アメリカでは、すでにリ・リージョナライズという形で、それがはじまっているのではないかと思います。そう、もう一度「地方化」するんです。日本でいえば、静岡銀行などは非常に健全な経営をしてきた銀行ですし、そういう哲学が生きている。

ある地方で、その土地の人が預金をし、そのお金を、その土地の人に貸していく。そんな形の銀行のほうがつぶれない。立派な銀行を作っていくモデルになると思います。

インベストメント・バンクの分野でも、政府の支援を受けて金融持ち株会社になり、その代わり規制が強まった投資銀行から、力ある人材はどんどん独立したブティックに移りはじめました。私の会社は、アドバイザリー業務がメインの比較的小型のいわゆる「ブティック型投資銀行」ですが、投資銀行の分野でもブティックの存在感は、幸いかな、かなり大きくなりはじめているわけです。お客様のほうも、デパートに行くよりもブティックに行ったほうがいいサービスを得ることができるということではないかと思います。

つまり、今後は超大型銀行ではなくて、１００人以下の単位の人が集まって事業を展開するブティック型の投資銀行のほうが、機能していく可能性が高い。それらが顧客の信頼を受けて仕事ができるようになっていくと思います。

小幡　切れている信用の輪を戻すためには、貸す側と借りる側とで、きちんと顔を合わせなくてはダメだということでしょうね。つまり、お互い利害関係はあるけれど、命運を共にしてずっと勝負していきましょう、となる。

リージョナル・バンキングという考え方もそういうことだし、ブティック化という現象も顧客の顔をきちんと見て仕事をするためのもの。社内も巨大化させないで、互いに信用できて、直接触れ合える範囲内で仕事ができるようにする。言い換えれば、当たり前の姿に戻りましょうということですよね。

「リーマンショック以後、何か日本は明るくなった」

神谷　要するに、今までの価値観というのは「大きくなるのがいいこと」だったわけです。つまり、就職するにしても、投資するにしても上場企業がよかった。上場企業は、毎期、増収増益するよう運命づけられているので、無理を重ねた。そんな無理をしなければいけない理由など本当はなかったのに。

これこそ「強欲資本主義のメカニズム」だったわけです。飽きることなく、満足することなく、常に増殖したいとする「キャンサー・キャピタリズム」に冒されて、どんどん大きくなるという価値観に取り憑《つ》かれていたのです。それ以外の生き方を考えられなかった。

その結果何が起こったかといえば、金融機関はその適正規模から大きく外れてしまったわけです。私のブティック型銀行でいうと、私や共同経営者の価値観を伝える上で適正な人数は——私はよく、イエス・キリストと12人の弟子にたとえているんですが——12人ぐらいが一番いい。私自身の能力からすれば、30人というのは、ちょっと無理がある（笑）。

12人であれば、どんな金融機関よりも上質のサービスを提供できる自信はあります。誰が、どれだけ安いフィーで仕事を引き受けてくれるか、というような依頼は受けなくてもかまわない。私たちにしかできない提案をし、その代わりわれわれのフィー・スケジュールでフィーを払っていただく顧客としか、お付き合いしません。そんなにたくさん顧客を必要とするわけではないからです。少数の上客だけ欲しい。この上客というのは、「稼がせてくれる」というよりも、お手伝いし甲斐のある、世のためになるよい仕事をし、誇りに思えるお客様ということを意味します。

12人ぐらいであれば、仕事の質をキープできる。また、そういうサービスが提供できるところは他にない、と考えています。

だから、顧客の数も、１００社、２００社とは求めてはいません。1年間に20社あれば十分。それ以上手は広げない。毎晩徹夜というようなライフスタイルも、もうしたくないですから。この規模で柔軟性を持ってやっていけるというのが一番で、かつ愉しいと考えているわけです。

小幡　リーマンショック後はどうでしょうか。仕事に変化はありますか？

神谷　忙しくなりました。みんなポシャッて何もやらなくなっちゃったかなと思ったら、意外とそうではなく、真剣に将来を切り拓こうと考えるお客様がねじり鉢巻になってきて、やらなければいけないことがどんどん増えている。

今回、当社の同僚と一緒に来日したのですが、「仕事する環境はむしろよくなったよねえ」といって二人で笑ったんですよ。これまでだったら、いつ決めるか分からないような、のらりくらりした人たちがたくさんいました。「あなたはいったい何がやりたいの」と訊いても、自分でもよく分かっていないような人たちです。今までの日本というのは、はっきりいうとそんな人も多かった。それが、ここにきていきなり変身しはじめたのではないでしょうか。

みんな目の色が変わった、という印象です。正社員を1万2000人カット、というようなアナウンスをした会社は特にその傾向が顕著《けんちょ》で、薬がよっぽど効いたのか、案件を検討する態度もすっかり変わりました。

小幡　実際に、そういう雰囲気はありますね。私の友人の一人である宗教学者の島田裕巳さんが、「リーマンショック以後、何か日本は明るくなった」といっています。みんなの顔が明るい、それは単に「ざまあみろ」ということじゃなくて、「あいつらおかしいと思っていて、やっぱりおかしかったんじゃないか」と納得できた。

そういう人たちは、みんなスッとしているんですよ。でも、そのときに冷静になって考えてみれば、やはりみんな方向を見失っていた。見失っていたから、何かがブームになったときに、「違うとは感じていても、乗らないと儲からないんじゃないか」あるいは「何となく違うけど、アメリカ型をやらないとダメみたいな気がする」という感じで、むやみに従ってしまったところがあると思うんです。

神谷　そうかもしれませんね。

小幡　自分個人としては、ここまで行く前に、何とか止めたかったのですが。

リーマンが破綻して以来、もちろん悪くなった部分もたくさんありますが、日本もいい意味での危機感が出てきた面があるのではないですか？

神谷　気合いが入りました。うん、ものすごく気合い入ってきた（笑）。

小幡　政治家に対するスタンスにしても、以前だったら、「麻生さんが首相なら、楽しそうでいいな」みたいな捉えられ方だったのに、今では「麻生、おまえ何やってるんだ。もっとしっかりしろ」という空気に変わった。オレたちは、日本の将来を変えるぞ、といわんばかりです。

神谷　政治家は本当に、気合いが入ってきたのかな。テレンコしすぎに見えるけど。

小幡　庶民は気合い入ってきましたね。日本はやはり危機に強いんですよ。

規模よりも伝統の継承を

小幡　ところで、金融業界が、おっしゃったような形で適正な規模に戻っていくというのはよく分かるのですが、神谷さんがお書きになられている日経ＢＰオンラインの記事の中に「ウェッジウッドの破綻」がありましたよね。いつも思っていたんですが、ブランドに関しても適正な規模があって、現代の多くのブランドはあまりに巨大化しすぎたんです。ウェッジウッドも、観光客が空港の免税店で買うようになってはおしまいではないですか。高級品にあこがれる多くの人々に売ろうとすると、ブランドとしての価値がなくなり、必ず失敗すると思うのです。

素晴らしいモノ、ほかのところではできないモノ、ないモノを作る。そのモノの分野の有識者、マニアに絶賛される。知る人ぞ知る名品となる。しかし、「知る人ぞ知る」では、商売として大成功はしないから、ブランド化して、売り出し、マーケティングし、宣伝する。しかし、これがまたすぐに欲にまみれて崩壊してしまう。ブランド化した瞬間に、拡大路線がはじまってしまう。そう思うと、ブランド化して、拡大するのもなかなかむずかしい。高級ブランドバッグも、高級ブランドというだけで買ってくれる。それは楽なんだけど、楽をしたとたんに堕落してしまう。

神谷　堕落するとつぶれますよ。わりと早いですよね、最近は。老舗《しにせ》高級料亭の「船場吉兆」にしても、堕落した結果ああなってしまった。

小幡　有名ブランドになって人気が出てくると、質が落ちる。特に、レストラン、ラーメン店とかも明らかにそうですよね。テレビや雑誌に出た瞬間にまずくなる。行列ができている店は必ずまずい。しかし、これは逃れられないブランドの宿命でしょうか。キャンサー・キャピタリズムのブランド版みたいなものでしょうか。でも、老舗は、この「ブランドの罠《わな》」に陥っているところと、きちんと老舗の名品を維持しているところがあるように見受けられます。どこに違いがあるのでしょうか。

神谷　私は、能力の問題だと思います。何代にもわたって甲州印傳《いんでん》の財布や鞄を取り扱う老舗である上原印伝の方が、「ブランドの維持というのは、掃《は》いても掃いても生えてくる苔《こけ》をずっと掃き続けるようなものです」とおっしゃっていたことが記憶に残っています。

この老舗のように経営者がきちっとしているところは、１００年経っても、３００年経ってもつぶれない。私は、塩昆布で有名な大阪の「神宗」の鰹《かつお》昆布が好きなんです。ここはごく限られたデパートに出店しているのですが、その床面積当たりの売上は、グッチやエルメスを凌《しの》ぐといいます。そして、だいたい午後の2時ぐらいになると売り切れてしまう。それでも、絶対に規模を拡大しないんですよ。価格もそんなに高い値段をつけていない。それが全国のデパートで売られるようになったら、どうなるか分かりません。

小幡　そうなんですよね。そこを頑《かたく》なに守れるかどうかですよね。ビジネスモデルを変えないというか、伝統を守るという心意気。やはり、人格から来るんですかね。

神谷　積み重ねでしょうね。先代から受け継いだトーチの灯を、次の世代にどういう形で渡していくか。日本のサラリーマン経営者の中にも、巡り合わせでトーチを受け取った以上は、これを次の人にどう渡すのかを考えるのが私の使命です、とおっしゃる立派な経営者がバブルの最中でも数多くいました。そういう方は、地味ですが決してぶれなかった。

一方で、たまたま経営権が転がり込んできたにもかかわらず、PEファンドなんかと組んで、LBOをし、自分だけ10億、20億といった特別ボーナスを受け取ってしまう経営者もいた。でも少数派でしょう。

こうしてみると、民族的に見て日本人は、伝統の継承というものに、アメリカなどよりもはるかに重きを置いて考えているように思いますよ。私欲よりも、先代から受け継いだものを後世に渡すことに価値観を置いている人が多い、と私は思います。

小幡　適正規模についていうと、私の知り合いにイタリアで修業してきた若い靴職人がいます。彼は、ビスポーク・ブームにも乗って一生懸命にいい靴を作る。1足を作り上げるのに、時間も手間もかかるから30万円くらいします。それでもお客さんは喜んで買ってくれる。

ここからは、実際の話ではなく、こういうことがありうるよね、という仮想の話をしてもいいですか。

その一方で、彼は悩むわけです。30万円の靴を買う人はあまりに例外的な人です。ふつうの人にも本物のいい靴を履いて喜んでもらいたい。もう少し一般の人に手が届く靴を作りたい。たとえば8万円ぐらいで、パターンを絞って、機械や弟子を使ってやれば、可能なのではないか。迷いますよね。

しかし、そうなると、人も雇いますから、売上もある程度の規模が必要だし、安定もさせないといけない。宣伝も必要になってくる。ここまではいいですが、この靴が大評判になって、いろいろな百貨店で扱いたい、といわれる。いわれるままに、注文を受けていくと、ある程度品質については妥協しないといけない。そうなると、さらに規模が大きくなって、「経営」という感じになってくる。もともと自分がやりたいこととは違ってきてしまったが、それでも、巷《ちまた》に溢れている靴よりは、はるかに自分の会社の靴のほうが本物に近く、いいものであることは間違いない。さらに売れる。品質がいいからではなく、有名だからこの靴を買う人がほとんどになっていく。

そして規模が大きくなっているから、自分の目の届かないところが出てくる。気づかない間に品質が落ちてくる。それなのに、売上はどんどん伸びる。経営者は数字、全体を見るものだとすると、これほど経営がうまくいき、順風満帆に見えることはない。しかし、そのとき、品質は落ちており、経営者はそれに気づかない。こうして、だんだん堕落していく。ということになりはしないでしょうか？

日本は量より質を評価する時代に

神谷　小幡さんがおっしゃることは、やはり国のレベルで違ってくると思います。中国で30万円の靴を作っても、あまり意味はないかもしれない。中国は中国で大量生産して、それで世界に進出しようと考えている人がたくさんいるわけですよね。

一方、日本の場合、モノ作りがとても好きですよね。特に、超高級品なんかを作らせたらうまい。しかも、そこに「おもてなしの心」をつけて売る。こういったことが、日本人は本来とても得意です。

そういう産業では、いわゆる大量生産とは異なる方法がとられます。上場化して大きくなる、という成長モデルを使わない生き方がある。こうした生き方が得意だという人たちが、日本にはたくさんいるわけですよ。そういう人たちに「大きくなれ」というテーマを与えることをやめ、数はいいから質で競ってくれというテーマを差し上げればよろしいのです。

投資銀行へ入って、大金を動かして金持ちになれば「勝ち組」と呼ばれる、そんな価値観が近年は台頭してきたわけですが、そんな安っぽい考え方はみごとに破綻しました。国民全員一丸になって一人当たりの国民所得が世界一になるよう頑張りましょう、とか、総理大臣がトランジスタのセールスマンとなって世界中に売り込みに行きましょうという時代ではありません。数や量で成功を測ろうとしても人はついてこない。

その人がどれだけおカネを稼いでいるか、というのは、おそらく日本のような国では二の次の価値観になるでしょう。ある程度の収入があって、家族を養えて、食っていければそれでいい。何よりもいい仕事をして、その仕事の質を評価されたい。今後は個人個人がどれだけ生き甲斐を持って幸福な人生を送っているか――ここがポイントになる時代がやってくると思います。

旧来の価値観の実現は、現在の中国やインドの人たちにまかせて、日本人は、自分や家族、友人たちがどうすれば幸せになるのか、ということを追求していけば、自然と社会全体が受け入れてくれる。

そのための企業の在り方、職場の在り方を考えていく。二度と強欲資本主義には走らない、お金では測れないものでもって、豊かな社会を作っていく――それが日本の未来の姿だと思うのです。

小幡 実は、さっきの靴職人も、本人は儲けること、大きくすることにまったく興味がない。食えればいい、という感じです。ただ、いい靴を履きたい人に履いてもらえれば嬉しい、自分の靴をもっともっといいものにしていきたい、というだけです。だから、仮想のストーリーのようにはならないし、ましてや強欲にはなりようがない。

彼が新しい豊かな日本社会の象徴でしょうか。イタリアで修業した、日本の心を持つ日本の青年、というのは何か象徴的ですね。

技術革新は100パーセントのシェア奪取を可能にする

小幡　神谷さんは、ご著書で、イノベーション（技術革新）こそが経済を転換させる原動力だと書かれていますね。具体的には、どういうことでしょうか？

神谷　たとえば、音楽を聴く上での技術の進化について考えてみてください。私が若い頃は家のステレオでレコードを聴いていました。それがラジカセやカーステレオの登場で、カセットテープが広まった。この動きに弾みをつけたのは、1970年代の終わりに発売されたソニーの「ウォークマン」です。

しかし、そのカセットテープも、やがてCDに取って代わられた。家庭で聴くレコードに至っては、私自身たくさん集めたのに、完全にCDに移行しました。今や新車で、カセットテープが使えるカーステレオを搭載しているものは一つもありませんよね。

小幡　いや、実はうちの車はまだカセットなんですがね（笑）。問題は、音の良いカセットテープがなかなか売っていなくて、探すのが大変で。

神谷　最近はマニア向けに通販などでレコードプレーヤーが販売されていますが、かつてはどの電器屋にも置いてあったレコード針などは、もうどこにも置いてありませんね。

小幡　イノベーションで新しく登場した技術が100パーセントのシェアを持っていってしまうことができる、というところがポイントですね。ガソリンで走る車も、そのうち100パーセント、別のテクノロジーの車に入れ替わる可能性があるってことですよね。

神谷　そこがイノベーションのすごいところです。技術革新により既存の市場を100パーセント奪うことができる。しかも、そこには日本企業が大きな役割を果たしてきましたよね。そういう意味では、日本企業の将来性は決して捨てたもんじゃないと思います。

小幡　自動車は退屈な産業から、ハイブリッド革命が起きて一気に成長産業に変化していますからね。まだ水素もあるし、無限に可能性がありそうです。

「枠の外」で考える思考法

神谷　私はここ数年砂糖から石油化学製品を作る事業の育成に勤《いそ》しんできましたが、原油価格が1バレル50ドルだったら採算が取れるところまで来ました。将来的に原油価格がもう少し高くなれば、という希望もありますが、たとえばサトウキビの収穫量を今よりも3倍に増やすような品種改良でも行えば、採算はさらに改善します。サトウキビの収穫量が増えていけば、ひょっとしたら30ドルとか25ドルといった原油価格でも、対抗できるようになる可能性が出てきます。

要するに、石油はあるけど、石油を使うよりもっと安く石油化学製品を作れる技術はもうそこまで来ているわけです。石油が枯渇することで、「石油の時代」が終わるわけではありません。石油を使うことに代わる技術ができることで、終わってしまうのです。

今後、革新的な技術をたくさん保有している企業が、どんなに厳しい時代になっても、既存のマーケットを全部奪って成長していくことができる。時代が悪くとも、新技術により、間違いなく、右肩上がりの経営ができるわけです。そして、そういう企業がたくさんある国というのが、やがてまた栄える国になることができるのです。

小幡　しかし、そのようなエキサイティングな場面で主役になれる企業は一握りですよね。そういうチャンスに巡り合わない企業はどうでしょう。とりわけ、サラリーマンの場合、個人レベルでは、会社勤めなので、会社の命運までは自分ではどうしようもないと、あきらめてしまうのが普通ではないですか？

神谷　ある企業で講演を頼まれたとき、そこの若い社員に、「自分のような一社員というのは、どういう心構えで仕事をしたらいいですか」という質問をされました。それに対して、私は次のように回答しました。

車のブレーキを構成する部品の一つにブレーキパッドがあります。このブレーキパッドの材料にフェノール（石炭酸）が含まれているのですが、これが人体や環境にとってよくない影響を及ぼす。ですから課題は、この環境毀損要因をブレーキから取り除くこと。

この場合、フェノールの専門家は普通、どうすればフェノールから有害な要素を取り除くことができるかということを一生懸命考えるわけです。しかし、ブレーキパッドの専門家だったら、フェノールを使わず、他のもので代替できないか、ということを考えるでしょう。自動車メーカーの社長なら、ブレーキに代わる車の止め方はないだろうかと考えるかもしれません。

つまり、一つの問題に対して、誰に質問するのか、どういう質問の仕方をするのかによって、その答えの出し方は大きく変わってくるものです。

今自分が担当している分野の問題を解決するときに、フェノールの専門家としてものを考えるのか、ブレーキ部門の長としてものを考えるのか。それともこの会社の社長としてものを考えるのかによって、あなたの問題解決力は異なってくる。それはまた、あなたの会社でのあなたの価値をすっかり変えてしまう――質問をしてきた若い人にそう答えました。
私が示した考え方は、いわゆる「アウト・オブ・ザ・ボックス・シンキング」というものですが、これは文字通り、「枠の外」で考えることのできる思考法です。これができることは、すなわち会社の中での自分の価値を高めることにもつながるのですが、今の時代において、リストラされる側に入れられるか、ぜひ会社に残ってほしいとお願いされる側に残れるかの違いにもつながるわけです。
自分の果たすべき役割を、それぞれのポジションで、自分自身にどう問いかけるかによって、それぞれの行く道が大きく分かれることになります。

小幡　そういう意識を持てる人は非常に限られているのではないでしょうか。いわゆる「頭がいい人」でも、今の立場、つまり「枠」の範囲内でしか考えない。むしろ、きちんと枠をわきまえて議論するから、議論が論理的で頭がいい、ということになりがちです。

神谷　もしそうなら、これから意識改革して、レコードの話、石油から砂糖への話、そしてブレーキパッドの話――すべての社員が、そういう意識をもって日々働いて行けば、そう悲観的になる理由はないと思うのです。世界はチャンスに充《み》ち満ちていると、私個人は思っています。これほどおもしろい世の中はない、言い換えれば、それだけ大きな変化を必要とする時期が訪れており、世界中すべての人にチャンスが与えられているような時代だと思えはしませんか。

（p.121）
＊23　モーゲージ・ブローカー…住宅ローン申請希望者と金融機関を仲介する業者のこと。具体的には、ローン申請者の募集と顧客に合わせた金融アドバイス、そしてローン申請代行などを行う。米国には3万社あるといわれている。

（p.127）
＊24　アドバースセレクション…「逆選択」「不利な選択」という意味。さまざまな状況で使われるが、経済用語では顧客の選択とは逆の選択をシミュレーションして、マーケティングなどに活用する方法などに使われる。

PART 4 再生はどこからもたらされるか

2009年1月、米デトロイトの北米国際自動車ショーで、ハイブリッド車「プリウス」の新型車を発表するトヨタ自動車。
次世代の中心となる新しい産業はどの分野から生まれてくるのか。
写真提供：共同通信社

日本は「デザイナー」不足

小幡　人間はみなお金のためではなくて、みんなに尊敬されたいとか、モテたいとか、いいモノが欲しいとか思って、仕事などでがんばるわけですよね。要するに、お金というのは手段でしかない。

よく考えたら、みんなが尊敬するというのは、その実績といったものがすごいから尊敬するんであって、イチローなども、結果的に高額の年俸をもらっているけれど、アメリカに渡って、大リーガーに比して細い身体《からだ》で、野手では無理だろうなどといわれながらも、ものすごい結果を出した。そこが評価されて、尊敬されているわけです。イチローのようにみんなに認められたい、尊敬されたいというのが、人間の本当の気持ちだと思うんですね。

今回の経済危機というのは、そういう意味では、いい機会だと思うんです。つまり、カネは最終目標ではないということがはっきりとし、社会全体が人間の原点に返ることになるからです。

社会が原点に返るとき、気づかされるのは、個々の人間と、その属する組織とのギャップがいつの間にか大きく広がってしまったことです。その結果、個人も組織もどちらも不幸になっている。

たとえば、日本の官僚組織の評価というのは、最悪ですよね。ところが、官僚の一人ひとりと話してみると、多くの人が魅力的です。僕がいた財務省もそうですけど、一人ひとりはおもしろくて、しかもいい人なんです。IMF（国際通貨基金）もそうだった。大企業もそうだと思うんです。大きな組織というのは、そういう意味では似ているのだと思います。

神谷　個々の人間は魅力的なのに、それが集まって大きな組織、企業になると、うまく機能しなくなってしまう、ということなんでしょう。そうなる理由の一つは、組織の論理に埋没《まいぼつ》して自分の頭で考えなくなってしまうからですよ。それはまた個人と組織との双方に責任があることですね。

小幡　最近になって思うのですが、日本の場合は、その大企業が日本をダメにしたところがある。なぜなのかなって考えたら、おっしゃるとおり、自分の頭で考えなくなった、という点は大きいと思います。

そもそも、現在の日本が停滞している理由は何か、ということを考えてみると、僕は「デザイナー不足」だと思うんですね。国をデザインする人がいない、社会システムをデザインする人もいない。

神谷さんもいろいろなところで書かれていますが、日本人は、戦争に負けて国土が焼け野原になった後、ゼロから国を作り直してきたわけです。

昭和20年代の官僚はすごかったと思うんです。ＧＨＱ（連合国最高司令官総司令部）と闘いながら国をどうしようと考えて、ゼロの状態からデザインしたんです。「ＧＨＱのいいなり」といわれようが、日本のために少しでもよくしようと、日本全体のデザインを考えた上で、法律を書いた。金融に関していえば、銀行と証券は分離し、銀行も、信託、長期、短期、および地域金融と分けたんです。

しかし、官僚は、すごく頭のいいエリートではありましたが、昭和30年代以降は、そのエネルギーを、社会のデザインを考えることには投入せず、既存のデザインを守ることに終始してきました。たしかに、よくできた社会のデザインをむやみに変えようとする昨今の自称改革派政治家たち、選挙対策のためや利権のために制度をいじる政治家たちを見ていると、それも一理あると思います。目先の利害でめちゃくちゃにされるよりは、かつてよく練られて作られていたデザインを維持しようとする守旧派の官僚にも、自己正当化する論拠はあります。

しかし、社会を見渡し、そこで暮らす人々の話を聞けば、それがまったく誤りであることに気づくはずです。1950年の社会と21世紀の社会はまったく違うのです。社会が違えば、制度も根本からデザインを変えないといけません。

しかし、今の官僚組織は、新しい制度をデザインしたことがありません。ですから、官僚に改革の絵を描けといっても無理なんです。そこが、自民党もメディアも分かっていない。官僚を責めても仕方ありません。それはないものねだりなのです。

神谷　実は、私の父親も大蔵省の役人だったんですよ。

小幡　そうですか。大変失礼しました。存じ上げずに。

神谷　まだ存命で現在90歳ぐらいですから、ちょうど昭和20年代から30年代半ばにかけて働き盛りだったと思います。下村治さんらのブレーンの一人で、いわゆる高度経済成長時代に役人だったわけですが、役人冥利《みょうり》に尽きる時代だったと思います。

小幡さんがおっしゃるように、あの世代の大蔵省には、下村治さんやそのブレーンのように、日本の将来をデザインする、いわゆる「官庁エコノミスト」たちがいました。彼らが実行した政策というのは、ハロッド・ドーマー・モデル[*25]とか、すでにあった海外のモデルを導入してはいるわけですが、そのまま持ってきたのではなくて、日本流にアレンジして使っている。ある意味で、完璧に日本のことを日本人として判断して、日本の立場に立って考えているわけです。

小幡　なるほど。官庁エコノミストが経済白書を書いて、世の中をリードしていた時代ですね。

神谷　小幡さんもそうですが、やはり日本の経済学者は日本人の心で考え、日本人の頭で考えたものを発表していただかないと（笑）。

小幡　日本の経済学者の多くはその意味ではダメですよ。アメリカ経済学者、ノーベル賞至上主義ですから（笑）。

日本人の作る新しい組織の形

小幡　実は、日本人は、組織は苦手なんじゃないかと思っています。日本人には、大きな組織はコントロールできないのではないかという疑念があります。日本は集団主義とか、共同体主義だとかいわれていますから、矛盾するようですが、実は、だからこそ、組織は苦手だと思うんです。

集団主義というのは、組織が強いということではなく、横並びですよね。みんな一緒でないといけない。上下関係のうまいバランスというのはない。家父長制というのはあったが、あれは家族の中での話で、組織ではなく、指揮命令系統が存在せず、年長者が偉いという制度。家族と組織は違うんです。家父長制が存在したことが、年功序列が現在の日本で多くの人に一番しっくりくる組織形態となっていることの背景になっていると思います。しかし、逆にいうと、権限、権力で統治するということは経験がない。感覚としても苦手である。命令するのすら苦手じゃないですか。これは、植民地統治に成功したことがないという経験不足から来ているのかもしれません。いずれにせよ、みんなで仲良く横並びで協調するのは得意でも、縦の命令関係を徹底させるのは苦手です。子会社をうまく経営すること、とりわけ海外子会社、あるいは海外の会社を買って、経営するなど、うまくできません。

組織の中でも、リーダーというよりは、父親として、つまり目上の人として、威張るのはできても、うまく指示して、厳しく指導しつつ、組織をしっかりと統治する、ということはできない。何といっても、理想のリーダー像が「良きに計らえ」では、何も自分ではできないリーダーが日本では理想なんだ、と思ってしまいます。

でも、それでは、変革期のリーダーは務まらないと思うんですよ。この日本のリーダー像を良く解釈すれば、このリーダーは、まず、いいデザインを組んで、方向性を与えている。そうして、組織のメンバーには、ある程度自由にやらせるから、彼らは、いきいきと、自ら一生懸命働く。さらに、いきいきとした個々が集団でまとまり、すべての構成員が組織全体を高めることを考えていくことができており、組織のためにがんばる。

これが、もし本当にできるのであれば、すごい人たちだと思うんです。命令しないのに、全体のことを考えて動けていて、かつ、会社のため、お客さんのため、両方同時にできる。これは極めて珍しい。組織マネジメントは、この場合いらない。リーダーはいらないのです。

しかし、このような珍しいまでの素晴らしい構成員に恵まれた組織の成立は奇跡的で、今後は、このような奇跡は起こりえない。なぜ、この奇跡が可能になったかというと、リーダーのいらない時代だったからです。つまり、方向性は、売上拡大、シェア拡大という右上がりの成長を目指せばよく、欧米に追いつき追い越せで、同じものをより効率的に、より高品質で作ればよかった。外交も政治も米国追随、欧米型の社会の成立を目指すということで、方向性は決まっていた。つまり、リーダーのビジョン、方向性の決断は必要なかったし、構成員は、みな誰でも、それは分かっていたのです。そういう分かりやすい時代だった。

神谷　なるほど。日本ではリーダーがいらない組織が機能していた、と。

小幡　しかし、今後は、そうではない。リーダーが、方向性も、そして、不断に起こる右か左かの決断を行わないといけない、そして、その戦略の意図を組織に伝えないといけない。リーダーの仕事ははるかに難しくなってきています。

したがって、今後は、ビジョンと判断力、決断力すべてを備えたリーダーが必要である反面、単なるトップダウンではなく、組織が内部から、自発的に盛り上がるスタイル、これが新しい組織の形になると思います。しかも、それがお金のためでなくという組織ができると最高です。

この新しい組織を提案するチャンスは日本にあると思うのです。トップダウンとボトムアップとが両立する組織、さらにいえば、強いリーダーシップがありつつ、内発的に活性化されており、有機的な成長もある組織、この両者を備えた組織です。このうち、トップダウン、リーダーシップというのは、日本には不足していますが、これは単純なので、後から学ぶ、移植することは可能と思います。一方、内発的活性化とか、有機的な成長は、後から取り入れることはむずかしい。したがって、これが欠けている欧米型組織よりも、日本型組織が成長して、新しい時代の組織を作り上げていくほうが可能性があると思うんです。

したがって、次の時代の組織を生み出す義務は日本社会にある。世界に貢献しないといけないのです。しかし、この新しい組織、新しい資本主義の形かもしれないですけど、それを設計、提言しようとするデザイナーがいない。潜在的には理念として存在しているのに、デザイナー不足で形にできない。ここにも、日本の弱点、日本がはじけ切れない理由がデザイナー不足にある、という点が表れていると思います。現在の日本の姿を象徴しているんです。

神谷　それはおもしろい視点ですね。

カリスマやブランドではない、新しい価値を目指せ

小幡　アメリカなど世界中のビジネススクールから、交換留学で、うちの学校——慶應義塾大学のビジネススクールというところですが——に、多くの学生が来ています。その学生たちに、日本について語るわけですが、先日、僕のクラスでは、パフュームの話をしました。神谷さんは、ご存じないかもしれませんが。

神谷　えぇ、まったく分かりません(笑)。

小幡　そのときの議論のテーマは、アジアのポップミュージックが、世界市場で成功するにはどうすればいいか、というものでした。ちょっとおもしろかったのは、アメリカ人の学生

は、日本の女性スターは全部ダメだ、というんですね。なぜなら、みんないいヤツそうで、それでは、カリスマにならない。そういうんです。カリスマスターというのは、怖くて、迫力があっていいやなヤツでないとダメだ、ということなんです。マドンナ、ジャネット・ジャクソン、ブリトニー、彼女らに夜道で会ったら、俺は怖くて逃げ出す、でも、日本の女性スターはみんなかわいらしくて、いい奴そうだから、ダメだ、カリスマがない、ということだそうです。

宇多田も浜崎も安室も、みんなまあまあいいけど、パフュームというグループはオリジナリティもあるし、断然いい、というのが、留学生たちのＤＶＤを見た感想でした。

ここで、私のメッセージは、カリスマ、という考え方がまさに西欧的だ。日本は違う。いいヤツが人気があるのだ。もしかしたら、世界で、日本だけが違うのかもしれませんが、これは重大な相違です。

極端にいうと、西欧では、そして中国でも、すべては主従関係にあるんです。主人と家来なんです。日本は、みんなで一緒。西欧のスターは、上から目線。カリスマにひれ伏せさせる。日本のスターは、隣のクラスのアイドルが、村のアイドルになり、彼女が東京でスターになるために上京すれば、村みんなで応援する。この一体感なんです。スターなんだけど、応援団も一心同体みたいになっているんです。

これは根本的に違う。スターもブランドも、すべてのビジネスモデルが他の国と違うんじゃないかと思うんです、日本では。それで、今回の金融、経済危機のポイントは、カリスマ、ブランド、格付け、権威、すべての崩壊ではないかと思うんです。黙っていうことを聞け、これは素晴らしいカリスマスターなんだ、ブランドなんだ、トリプルAなんだ、だから買え。みんな買っているぞ、と。これが終わったんだと思うんです。これからは、売り手と買い手とが一体化する、スターとファンとが一体化するモデルだと思うんです。

神谷 パフュームというのは、どんなグループなんですか？

小幡 ああ。すみません。興奮していて、忘れてました。パフュームは、20歳の女の子3人グループで、11歳でグループを組んでもう9年のキャリアがある子たちなんです。彼女たちは、広島のローカルアイドルグループとしてデビューし、その後、東京へ出て、全国区進出。ただし、インディーズアイドルで売り出すも売れなかったんです。かなり苦労して。アキバ系といって、アニメファンと重なるような若者をターゲットにしてみたりもしたのですが、ダメだった。

その後、今のスタイル、つまり、テクノポップ、エレクトロポップという分野で勝負して、音楽プロデューサーにも、ビデオのアートディレクターにも恵まれ、徐々に注目されてきた。そして、ネットでそれらが評判になり、隠れたファンを増やしていき、音楽界などの著名なプロたちの間で話題になり、ファンも増え、クラブ音楽としても人気が出て、そのときに、一発ヒット曲が出て、一気に弾けた、というストーリーで来ているんです。

この中で、広島時代から応援している人も、ヒット曲が出てからのファンも、みんなパフュームは自分たちが支えている、という感覚なんです。みんな仲間で。これがおもしろい。カリスマにひれ伏しているわけではないから、少し売上が落ちても、また盛り返すはずです。カリスマは、ピークはすごいが、ピークを過ぎれば、一気に転げ落ちる。ひれ伏しているから、逆転すれば、ファンは冷たい扱いですよね。でも、仲間のアイドルだったら違う。苦境だったら、ますます応援しないといけない。本当は投資先でも、融資先でも、パフュームとファンの関係みたいだったら美しいと思うんですが。

ハウツーより〝戦友〟が大切

神谷　ビジネススクールについてですが、日本の事情はあまりよく知りませんが、アメリカではどうも「お金持ちになる方法教えます」になってしまっているようです。

小幡　日本でも、多くの学生は、即効性のあるハウツーを求めている。大企業、伝統的な日本のやり方に不満で飛び出したものの、でも、新しいマニュアルが欲しい、といったところでしょうか。

うちの学校は、今どき珍しいビジネススクールで、もう創立50周年になるんですが、ハーバードの旧《ふる》き良き伝統を守っている。だから、ハウツー重視じゃないんですね。そこに不満を持つ学生もいる。しかし、ハウツーよりも大事なのは、「場」だと思うんです。

うちでは、毎日ケースディスカッションといって、企業が実際に直面した問題を取り上げ、どうするべきか、という議論を徹底的にします。これが、たとえば、起業するときには、とっても重要です。なぜなら、寝食をともにしたクラスメートができるんですよ。いわば戦友ですね。ハウツーよりも何万倍も貴重です。

多くの学生の持つ起業に対するイメージは、ぼくはファイナンスが得意だから、マーケティングが得意な佐藤と、労務管理の知識がある鈴木と組んで、何が今、マーケットで一番イケる戦略かビジネススクールで習ったフレームワークで分析して……、という感じです。これは100パーセント間違いです。起業したときというのは、ゼロからはじめるから、予測できないとんでもない困難が必ずやってくる。あまりにくだらない些細《ささい》なもので、論理的な分析なんか何の関係もない、だけど、とても越えられない困難です。

そのとき、結婚と一緒で、理屈じゃなく、一緒にやっているビジネスパートナー、こんなヤツのために苦しい思いをしているけど、でも、やっぱりこいつのためにがんばってやろう、と思えるかどうかにかかっています。その点、寝食をともにしたクラスメート、戦友については、誰がどういう人間か分かっている。テンパっている姿を毎日見てきたわけです。だから、危機でも、仲間割れしないし、動揺しない。戦友を得る、というのは、人生をかけてビジネスをやっていくパートナーを見つけるには、一番いいのではないかと思うんです。

神谷　私も、フランス国立ポンゼジョセというグランゼコールで2年ほど、「企業リストラクチャリング」を教えました。大学での先生業は今までのところ時間の余裕があまりなくてお断りしていたのですが、ポンゼジョセの話をなぜ、引き受けたかというと、「ポンゼジョセ」というのは「橋と道路」という、いわば国家建設を教える学校であることを意味しているからでした。フランスで一番古い「グランゼコール（大学院大学）」なんです。

橋や道路を作るのは公共投資なのですが、そうしたことを教える工科大学がなぜビジネススクールを持ったかというと、こうした事業を行う国営企業の経営者を養成する必要があったからです。公共性の強い仕事で、通常の経営学とは異なる視点を必要とすることを認識して、ミッテラン大統領の時代に生まれたビジネススクールなんです。

そこは、アメリカのビジネススクールのように金持ちになる方法を教えるために存在するのではありません。フランスは、基本的に社会主義の国ですから、国営企業の数も多く、専門の経営者を育てていかなければならない。そんな発想から生まれたビジネススクールです。そういう意味では、アメリカのビジネススクールとは根本的に価値観が違ったところにある学校だったので、客員教授をお引き受けしたわけです。

小幡さんのお話からすると、小幡さんが教えておられるビジネススクールも、アメリカのものとは、ちょっと違った価値観で若者の育成ができているんじゃないですか？

小幡　大分違いますよね。洗練されてはいないが力強い。

「お金」では測れないものが新しい資本主義を作る

神谷　たとえば、今の小幡さんのお話の中で、いくつかポイントがあったと思います。

１つは「感性」。「パフューム」は知りませんが、小幡さんが学生に何かを伝えたいという気持ちは分かる。

たとえば、社会の進歩というのは、計量化された数字では表せませんよね。ある意味、頭で理解するよりも心で感じないと評価できない。これは僕の個人的な考え方ですが、人間にとって愛情であるとか、健康といった大事なもののほとんどは、お金では測れません。お金で買えるものは実は大して価値がない。本当に価値があるものはお金では買えないんです。

つまり、これからの社会をどう築いていこうかというときに、頭の中で計算して評価できるものと、頭の中の計算では評価できないものがあるということです。この両者をきちんと考えた上で、これからの世界を考えることが大切だと思うんです。そこに必要なのは豊かな「感性」です。

小幡　激しく同意です。

神谷　つまり、新しい資本主義とは何か、ということを考えたときに、資本主義の価値観の根底にあるものは、「お金で測れるもの」と「お金では測れないもの」とに分けられるはずです。で、「お金で測れないもの」の価値を理解するものとして、「感性」が大切になる。それに加えて、恐らく宗教や哲学といったものが真摯《しんし》に議論される時代が来なければいけないと思うのです。

特に、歴史を振り返ってみると、私は古典を読むことが多いのですが、やはり現在のような重大な転換期には、「ルネサンスがなぜ生まれたのか」ということを考えるべきだと思うんです。

ルネサンスが生まれる前に、何が起こったのか。何がルネサンスを生み出す「土と水と光」になったのか——そういったことを振り返りながら、今までのウォール街を中心とした「強欲資本主義」、小幡さん流の言い方をすれば「キャンサー・キャピタリズム」はなぜ生じたのかを総括しなければいけないと思います。

つまり、今回の経済危機によって、世界経済が完璧に壊れてしまった後のことを考えたとき、経済の健全性とか、金融機関どうしの信頼感が戻ってくる体制を作るためには、数字では測れない部分が重要な意味を持つことになると思います。社会の在り方についての議論を重ねて、新しい世界の指針を見いだせるようにならないと、世界経済は再生できないのではないでしょうか。

ルネサンスを生んだ改革

小幡　今回の危機は、金融危機でも経済危機でもなく、社会や人間の危機ということですか。

神谷　ルネサンスは、カソリック全盛時代の一つの宗教改革から起こったわけですが、私はそこから学ぶべきものが数多くあると思います。そういった原点にまで戻らないと、今後の新しい社会建設に本当に参考になるものは出てこないのではないでしょうか。金融機関の新たな規制方法という次元にとどまらず、もっと根源的な部分から考え直さないと、自分たちが真に望む新しい資本主義とは何か、新しい社会の骨組みとは何か、ということについての答えが出てくるとは思えません。

ルネサンスは、イタリアを中心に起きたものですから、その規模は世界的だったとはいえません。ただ、ルネサンスの中心となったフィレンツェの歴史を見ますと、ペストによって人口が半分に減ったり、繁栄を誇ったメディチ銀行でも破綻するなど、さまざまな苦難も経てきており、ただ「大いに繁栄して文化の華が大きく咲いた」というような単純なものではありません。

当時の銀行で、現代のゴールドマン・サックスに相当するものは、おそらくメディチ家ではないでしょうか。メディチ銀行は、ヨーロッパ中に拠点を作り、当時としては最大級のグローバル・バンクだったわけです。しかし、その栄華も80年しか続きませんでした。なぜ破綻したのかといえば、英国など海外の債権がどんどん不良債権に変わってしまったからです。ローマ法王まで取り込み、一族の繁栄を誇示する「サン・ロレンツォ教会」という素晴らしい教会を建てたりもした人物に、ロレンツォ・デ・メディチがいましたが、辻邦生さんの小説『春の戴冠』では、彼はやがて来るフィレンツェの衰退をもっとも早く感知した人として描かれています。

また、ダンテは『神曲』で、繁栄を極める時期のフィレンツェを、「傲岸不遜な成金たちに牛耳られ、嘆き苦しんでいる」というような表現もしました。その描写が私には、数年前のウォール街にそっくりに見えました。

しかし、こうした紆余曲折を経てきたイタリアの一都市国家で、ルネサンスが起きたのです。なぜそのようなことが起こったかというと、これは塩野七生さんの受け売りですが、ルネサンスは「聖フランチェスコ」と「フリードリヒ大王」という二人の偉人によってそれが起こるべく「土と水と光」が準備されたということです。

教会にただくっついていくだけの子羊であれ、というキリスト教に対して、「自分の心で感じて、自分の頭で考えなさい」ということを、はじめていったのが聖フランチェスコだといわれています。自分で感じて、自分の頭で考えること——これがルネサンスを生み出す原点になったのだと思います。そのためには「ものを正確に見ること」も大事で、それは科学精神そのものを意味しました。

そして、フランチェスコが最も強調したのは、財を捨てる、という価値観です。その新しい価値観が、以降のフィレンツェや大都市国家の新興ビジネスマン、一般庶民に圧倒的な支持を受けたのです。

翻《ひるがえ》って現代に照らし合わせて考えてみると、われわれは過度な拝金主義、物質主義に走った資本主義の言いなりになってきました。そこに巣食う強欲主義やキャンサー・キャピタリズムに、人々が疑うことなく従っていたのです。それをやめるということは、はじめの一歩です。

聖フランチェスコに対してフリードリヒ大王は、「税制改革」と「通貨改革」、そして「教育改革」の３つを実行しました。これも、おもしろいように現代と符合するのですが、たとえば税制改革では、オバマ大統領は金持ち優遇税制をやめるといっています。

通貨の改革では、金貨や銀貨の純度を高めて、物価などを安定させました。それまでは、金の純度を引き下げて通貨をどんどん鋳造させることで、一見豊かな都市国家であると見せかけるようなことが行われていたのです。現代では、政府が国債をどんどん発行して、経済対策という名の財政出動を行って通貨を疲弊させています。金の純度を下げるのと同じことをやっているわけです。ですからこれはオバマは罰点です。ドイツのほうがしっかりやろうとしている。

そして、もう一つが教育改革です。ローマで圧倒的に優秀だったボッコーニ大学――日本でいえば東大に当たるような大学ですが――フリードリヒ大王はこれに対抗してナポリなどの地方に、新しい才能を生み出す大学を作りました。このような教育や科学技術の進展が、やがてレオナルド・ダ・ヴィンチやガリレオ・ガリレイなど優秀な人材を数多く生んで、新しい「サイエンス」を創造したのです。今のわれわれが考えているよりもっと幅広い意味でのサイエンスだと思いますが、芸術、科学を含めた教育の改革が「フィレンツェ再興」を実現させたわけです。オバマはこの点は合格で、教育の充実にたいへんな意気込みを示しています。

小幡　現代と符合する部分が多い、ということですね。

神谷　そうです。アメリカ人の中にも「聖フランチェスコ」や「フリードリヒ大王」になりうるような新しい社会を生み出せる優秀な人物はたくさんいます。オバマ大統領もその一人だと思うのですが、当選以来無給で働き、巨額の寄付もするニューヨークのブルームバーグ市長、環境問題に尽力しているアル・ゴア元副大統領、さまざまな分野でチャリティ資金を提供しているビル・ゲイツなどの面々です。

ウォール街に毒されない、アメリカで培われたものの考え方というものがあるんです。アメリカへ初代の移民が来たときに、彼らが持ってきたキリスト教の考え方が根底にあると思いますが、それは拝金主義とはまったく逆さまの倫理観です。私はクリスチャンですが、「よきアメリカ人」のこうした考え方は非常に理解しやすいですし、そうしたカルチャーが好きでこの国に住んでいます。

日本にも昔からの価値体系というものがありますよね。それは、キリスト教的な価値体系とそれほどかけ離れたものではないと思います。質素倹約であるとか、清貧を重んじるとか、数多くの面で似ている。

そもそも人間にとって、何が正しくて、何が間違っているのか、といった価値体系は同一のものだと思うんです。根っこは同じで、民族により武士道となったり、キリスト教になったりと異なる形にまとまった。

武士道といえば、新渡戸稲造が書いた『武士道（Bushido: The Soul of Japan）』が知られていますね。彼はアメリカ人の奥さんをもらって、こういう本を書いた。彼はクリスチャンになった。武士道とキリスト教には相矛盾しない共通する価値観があるという証左だと思います。

日本人が日本人の心で感じて、自分の頭で考える社会を築こうとする、意思を持つよう、そんな国民運動を起こしていく必要があると思います。

ビッグスリーの中で生き残るのはフォード

小幡　今は、原点回帰して、社会を基礎から立て直すべきだ、ということでわれわれの意見は一致していると思いますが、そのときに、原点って何だ、ということになると思うんです。きらびやかな装飾が崩壊して、表面上のすべてのものが失われたときに、そこに残っているもの、そのとき露《あら》わになるもの、それが原点だと思うんですね。民族や文化の根幹であり、人間の本質であるわけですが、そう考えたときに、アメリカの基盤というのは何になるのでしょうか。アメリカが復活するにあたって、国民の拠りどころというか、根底にあるものは何でしょうか。

神谷　一つは宗教、それもクリスチャンだと思います。アメリカは何といっても、ピューリタンが最初に渡って、クリスチャンが作った国ですから。

そして、もう一つはネイティブ・アメリカンの精神というか、アメリカにもともといた民族のスピリットではないでしょうか。ネイティブ・アメリカンは、日本人と同じモンゴロイドですが、もともとのイエメン、今のベイルートあたりから、１万年の旅路を経てベーリング海が沈む前にアメリカに渡った人々です。

彼らの思想の根本にあるのは、人間と自然との共存です。川を泳いでくる鮭の数よりも人間が増えてしまったら、人間のほうが移動していく。ピラミッドといった大きなモニュメントを作る価値観ではなく、自然を壊さないことに価値観を置いた人々です。

アラスカやカナダにはイヌイットなどのネイティブ・アメリカンが暮らしています。ちなみに、アイヌとイヌイットって、どこか似ていますよね。そういう人たちが、先祖からの価値観を継承し、今環境の保護活動を積極的に行っています。

アメリカの歴史は、何もコロンブスからはじまったわけではない。何万年も前からネイテイブ・アメリカンが住んでいた。彼らの価値観はどんなものだったのか。現在そういうことを見直す動きも出てきています。

小幡　日本は、アメリカ以上にもっと綿々と古代からつながっている価値観がしっかりあるはずなのに、軽視されていますね。

神谷　自分たちがいったいどこから来たのかを振り返ろうとする動きとしては、たとえばオバマ大統領の当選パーティーでは、「リンカーン」という言葉がたくさん出てきました。「人民の人民による人民のための政治」という、アメリカが建国以来持ち続けた価値観に立ち返ろうと、オバマは国民に語りかけたのです。

だから、今回のセレブレーションもリンカーン・メモリアルの前でやった。奴隷解放も含めて、リンカーンがアメリカ民主主義政治の原点だとオバマは振り返りたかったわけです。ネイティブ・アメリカンを含めた歴史、そしてキリスト教の価値観、政治でいえばリンカーンからの価値観——こういった原点にある価値観を問い直そうという、日本語でいえば「温故知新」ですが、そういった動きが今のアメリカでは大きくなってきました。

小幡　企業に関してもそういうことがいえるのでしょうか。創業の精神を忘れずにいるところは、踏み外さない。バブルにも踊らされない。

もともとの価値観に戻るという話も、たとえば企業の創業精神や文化といったものがどこかに残っていて、それをみんなで取り戻そうとすれば、つぶれずに済む。

神谷　そうしないところが危ないということですね。

小幡　今問題になっているGMやフォード、クライスラーの３大自動車メーカーは、どうでしょう。

神谷　３つの中で一番しっかりしているのはフォードです。フォード家がまだ株式を４割持っていて、不特定多数の株主ばかりのGMやクライスラーとは違います。だから３つの中でどこが生き残るのか、といえば、私はフォードに賭けます。『ビジョナリー・カンパニー――時代を超える生存の原則』（ジェームズ・C・コリンズ、ジェリー・I・ポラス著、山岡洋一訳、日経BP社）という本の中でも、やはりフォードが評価されています。

小幡　ところで、GMのリック・ワゴナーCEO兼会長（２００９年３月末に退任）はどんな人物でしょうか。われわれ日本人にはちょっと理解しにくいところがあるのですが。

神谷　唖然《あぜん》とするでしょうね（笑）。

小幡　やっぱりそうなんですか。政府に泣きついてきているくせに、本当はお金をもらわなくても会社はやっていけるが、一応念のため、もらっておくか、というような感じで、公的資金をもらいました。あんなに傲慢にしていて、何も得をしないと思うんですが、不思議です。

神谷　２００８年でさえ、一方で大量の社員をクビにして路頭に迷わせながら、自分は１６００万ドルもの報酬を持っていった。大赤字で、株主も大損している。あのような強欲な人物が社長でいること自体、やはりＧＭはガバナンスがまったく効いていない会社ということでしょうね。つい最近アメリカ政府もとうとう「つきあっていられない」と判断したのでしょう。「辞めてちょうだい」となった。

バブルの価値観を問い直せ

小幡　強欲といわれて思い当たることですが、僕は本を書いているとき、主張したいことを書いてはいるのですが、どうせなら売れないかな、売れて借金減らないかなとも思うんですね。10万部売れれば、借金返せるんだけど、なんて。

神谷　それは強欲かもしれませんね（笑）。

小幡　それで編集者から、「売れるためにはこう書かないと」なんていわれて、ついそうしてしまう。ただ「売りたい」という気持ちでそうするのかというと、本音をいえば、そうではなくて、多くの人に読んでもらいたい、ということで、どうすれば売れるかな、と考える。売れている本、となれば、書店も置いてくれるし、いろんな人が、手にとって、どんな本だろうって、興味を持ってくれる。そうすれば、多くの人に自分の主張が届く。つまり、売れる本を書こうと思うことは、マーケットニーズに応《こた》えようということなんです。それが軸となって、いい本が書ける場合もあると思うんです。逆に、自分で好きなように書いていいよ、といわれると、独りよがりなものになってしまい、世の中から見て、価値のない本になってしまう。

本という形で出版するためには、出版社が認めて、読者の求めているものに近づけようとして書くことになり、それだけ一生懸命にもなるし、ニーズにも応えようともするわけです。つまり「別に売れなくてもいい」という書き方をするときと、すごく違うと思うんですよね。実は、ブログも同じようなことがいえます。ブログは単に書きっぱなし、というイメージがありますが、実は逆で、ニーズに応えようという意識が非常に強くなる。だって、反応がリアルで瞬時ですから。

バブルがすごく罪深いと思うのは、先に靴職人の話をしましたが、ものすごい大金持ちがやってきて、30万円の靴を一足残らず買い占めたいといったとします。その一方で、その職人の靴をすごく愛していて、毎月少しずつお金を貯めて買おうとしてくれている人がいる。そんなときに、職人が「あなたは靴の本当のよさを分かっていないから売りたくない」といえるかどうか。それはそれでむずかしい。なぜなら、全部売って儲かったお金で、もっといい靴を作れるから、あるいは、次はもう少し安く売れるから、いろんな人に楽しんでもらえるから、お金に興味がなくても、まず、儲けてから、という戦略もありうるのです。

神谷　私の顧客には、ベッカムの奥さんがハンドバッグを買いに来たとき、彼女には持ってほしくないからと、「別のバッグを差し上げますから、当社のは置いていってください」といったところが本当にある（笑）。

小幡　うんと高い靴を買ってくれるお客さんを一人確保しておけば、セカンドラインというか、モノがよくてリーズナブルな靴を作って、より多くの人に自分の靴を履いてもらうことができる。いろいろな可能性がある。

神谷　それはもちろんそうです。

小幡　だからバブルというのは、誠実で強欲でない人にも誘惑してくる。やはりバブルに巻き込まれるともう乗らざるをえない。

たとえば、トヨタも責任があるとは思うんです。世界一をどうしても取りたいとか、ピックアップトラックを作らないとビッグスリーに勝てないとか、余計なことを考える。しかし、一方、トヨタ車をみんながすごい、すごいといってくれて、売れまくったときに、これは一時的だから作りすぎないようにしよう、と判断して、増産しない、設備投資しない、というのも、ものづくりのプロとしてむずかしいと思うんですよ。みんなが喜んで買ってくれるのに、あえて売らないんですから。

ところが、その売れていたのは、バブルによるものにすぎず、顧客といっても、お金が余っていたから、買っただけだった面もありました。彼らも、もちろん、どうせ買うならいいものを、ということで、いいものほど売れたわけですが、しかし、一方、お金がなくなって、彼らは買わなくなって、作り手としては、いいものでも売れなくなってしまって困った。ややバブルだというのは分かっても、バブルがなくなったら、10パーセント落ちるのか、30パーセント落ちるのか分からない。まさか50パーセント落ちるとは思っていなかったわけです。バブルと分かっていても、そして、誠実にモノを作っているだけでも、巻き込まれて被害を受けてしまう。バブルというのは、そういう意味でとても罪深い。

神谷　よく「バブルなしでは資本主義社会はここまで発達しなかった」という人がいますが、

私は「資本主義社会は本当に発達したんですか。そこが疑問です」と反論することにしています。

私が子どもの頃、家にテレビがなかったので、近所のテレビがある家に行って、みんなで一緒に見せてもらいました。田舎から何かモノが届いたら、今はありえないだろうけど、お裾分けという習慣がありました。田舎に帰る電車賃がない店子《たなこ》の学生に、大家さんが貸してあげるようなこともあった。さまざまな部分で共感できる世界がそこにはありましたよね。

それに比べて今の日本の社会というのは、発展した社会でしょうか。

現代に戻っていえば、「あなたはどういう社会を作りたいですか」、という問いかけに対して、「勝ち組、負け組がはっきりするような社会を」と望む声がどこからか聞こえてくるでしょうか。

孤独な老人が一人で亡くなっていく社会でもいいのか。日本は年間3万人以上が自殺する社会ですが、そういう社会でいいのか。社会全体の価値観を問わなければいけないときが来ていると私は確信します。

まさに今回の経済危機は、それを考える上でいい機会に間違いありません。バブルがどんどん広がっていく社会よりも、今こうやって経済がクラッシュし、その受難を力合わせて乗り越える必要に直面したからこそ、人類は共通の価値観に結ばれていく恵まれたチャンスを摑《つか》むことができるのだと思うんです。私はクリスチャンだから、このチャンスを神が人類にお与えになった、というふうに捉えています。

増収増益はもう終わった

小幡　資本主義の発達とバブルの関係でいうと、経済学でバブルは有益かどうかという議論が必ず起こるんですね。今回の経済危機に先立つ金融バブルは、金融の世界が勝手に膨張して、実体経済をめちゃくちゃにしたので、経済にとってプラス、という議論はありえないんですが、２０００年のＩＴバブルについては、論争があります。

バブルによって、インチキまがいのネット関連会社に資金が大量に流れ無駄遣いされた、という説と、ＩＴという得体の知れない革命的なものに対して、思い切って多額の投資が行われ、最も優秀な人材もなだれ込んだことによって、はじめてブレークスルーが可能になったのだという説。この２つの考え方がある。つまり、まともな状況では、あの時点ではリスクの高いＩＴなんかに投資は起きなかっただろう。投資としても、リスクが高すぎ、有象無象の企業も混じっていたから、平均投資リターンはマイナスだが、大きなブレークスルーはそういう壮大なムダがあったからこそ可能になった。グーグルだって、あのバブルがなければ生まれてこなかったかもしれない、ということです。

そこでは、投資家たちは金銭的なリターンは得られなかったけど、結果的にIT業界には技術が残ったわけです。たとえば、メディチ家がいたことによって、ルネサンスの芸術が成り立ったという考え方もあるし。

バブルにはたしかに大きな弊害がある。しかし、バブルがないと生まれなかったものもあるという議論は常にあるんです。メディチ家のバブルによって、はじめて生まれた文化というのもある。ピラミッドもベルサイユも金閣寺もそうです。もちろん、すごく貧しい中で生まれてくる文化のほうが、その時代を表している文化である場合もある。江戸時代の町人文化は、庶民文化ですが、しかし、庶民が豊かであったから文化として発達したという面もあります。あれも町人バブルかもしれませんね。

神谷　先ほど、小幡さんの話に出てきた靴職人の話ですが、たとえばイタリアの「ストラディバリウス」の伝統を受け継いでいる村は、全員が楽器職人なんですよ。チェロは年間3台しかできない。だから、途方もなく長いウェイティングリストができあがっている。何年か待たなければ買えないという状況では、エルメスのバーキンと同じです。それでも、景気が上向こうが、上向くまいが、数は変えず最も質の高いレベルだけの楽器を作る。作ったぶんだけ、それも、自分たちが生活できるだけの値段で売れるから、村の人はみな十分に食べていけるわけですよ。

そのチェロ作りの工房が、日本の「ヤマハ」のような楽器メーカーみたいになろうと思ったら、おそらく大きくなる過程でどこかに無理が生じるだろうし、村の経済も景気に翻弄《ほんろう》されるようなものになる。

それを考えると、人が食べていけるだけの収入を得る上で、株式を公開して増収増益を常に狙っていくようなビジネスモデルがほんとうに必要なのか、という疑問を感じざるをえません。増収増益の価値観が正しいのか、イタリアの小さな楽器づくりの村の価値観が正しいのか。その価値観を比べてみて、もう一度問い直さないといけない、現在はその時期にさしかかっているのです。

価値観が決まらなければ方策は決まりません。日本に来ると、よく政治家の方々から面会のオファーがあるのですが、最近はずっとお断りさせていただいています。不遜な言い方かもしれませんが、価値観があきらかに異なるからです。そういうお相手と、具体的な経済政策を話し合っても仕方がありません。価値観そのものを議論しましょう、というのであれば、いくらでもお誘いを受けるつもりです。

「教育」への投資を増やせ

小幡　株式市場がほんとうに必要なのか、多くの企業が公開する必要があるのか、そもそも成長することがいいことなのか、価値観を問い直す時期であるという神谷さんの意見に100パーセント賛成です。そして、価値観を定めないことには動かない。200パーセント賛成です。

しかし、政治家に価値観がないのは、私は、それは、ある意味当然かもしれないと思っています。価値観は社会が決めて、その価値観を制度として実現するのが政治家ですから。そうなると、社会の価値観はこれからどう変わっていくのか。現在のような経済危機の状況では、音楽や絵画など、芸術的なものに対して価値を見いだす傾向が強まるんじゃないかと思うんです。

今回の金融恐慌が起こる前から、日本の東京以外の地方は経済的にかなり追いつめられています。その一方で、地域のつながりを強めるようなものが隆盛になってきています。たとえば、スポーツ。サッカーのＪリーグは、全体で見ると増収で、観客動員数も平均して増えています（２００７年度）。プロ野球では、以前は、在京球団で、巨人戦がないとダメだったんですが、今はむしろ逆で、東京圏以外にある球団が人気もあり、成績も上がってきています。

他に娯楽がないし、お金もないから、仕方なくみんなで地元の球団を応援して、盛り上がろう、といった不景気による効果にすぎないという、皮肉な見方もありえますが、しかし、きっかけはそうであれ、地方は、もう一度つながりを回復しようとしています。それは、お金がないほうがうまくいくんです。金にあかして、世界中から選手を集める。選手は地域を愛していない。奥さんは、田舎がいやで東京に住んでいる。それじゃダメです。お金がないから、市民の寄付で球場を維持し、地元の小学生が、応援してリトルリーグでがんばり、ということでないと。ある意味、イタリア（の地方）化しているといえるかもしれません。しかし、地域でのつながりが復活しているということは素晴らしい。実は、改革促進で壊れたのは、地方の地域社会です。東京も秋葉原も渋谷も六本木も問題かもしれませんが、それは元から壊れている。もともと、つながりがない社会。いびつなつながりの社会。ところが、地方はふつうのつながりで社会が成り立っていたのに、世代の断絶、東京への流出などで、その社会も根本が壊れてきた。それを、構造改革という名のデザインなしの市場主義が加速させた。この失われたつながりを部分的にも回復する動きが出てきているのだ思います。

神谷　人々がつながりを求めているんですね。

小幡　つながりということでは、現在の日本というのは、職場のつながりだけがいびつに残って、家族や地域のつながりはなくなりつつある。そんな社会だと思うんですね。アメリカはもともと職場のつながりというよりは、地域とか家族のつながりが強かった。アメリカでも地域や家族のつながりが壊れてきたということはないのですか。離婚も多いし、転職も多く、引っ越しも多い。つながりを維持するのは難しそうですが。

神谷　職場との付き合いに対して、個人の生活や地域とのつながりというのは、アメリカではまったく次元の違うものという考え方が一般的です。だから、日本のように同僚と飲みに行かないから、職場での人々とのつながりが希薄になっているということはありません。家族とのつながりも、日本で考えているものとはちょっと違う。

アメリカのサラリーマンは、職場で男だけで飲みに行くということはまずしません。その反面、職場単位の家族どうしではつながっていることが多いですね。同僚の家族と自分の家族どうしでお付き合いすることもよくあります。日本とは違う形のつながり方があるんですよ。

日本人は、逆に夫は男どうしで飲みに行って、妻は妻で女どうしでホテルのランチを楽しんでいる。それでいて夫婦ではどこへも出かけない。そういう意味では、日本のほうが家庭の分離が加速している。

２つの国の違いを考えると、やはり教会は非常に強い磁石を持っていますね。学校、パブリックスクール、子どもたちがみんな一緒に野球をしたり、サッカーやフットボールをして、親はみんな一緒に子どもたちの応援に行く。

学校でも、校長を選ぶときには、父母が校長選抜委員会のようなものを作り、みんなで校長候補の能力や人柄などをインタビューして、その結果を判断材料として校長を選ぶ。それから、子どもの卒業式のパーティー会場も、親が設営して、子どもたちを一緒に送り出す。実感として、私の子どもは地域の、他のお父さんお母さんと一緒に育て上げたという感想を持っています。

小幡　そうですか。でも、ちょっと意地悪な言い方をさせていただくと、そういったことができるかどうかは、経済力も関係してくるんじゃないでしょうか。豊かな家庭の子どもたちは、地域でもつながっているけど、貧しい家庭は親どうしのつながりもあまりない。

神谷　貧しい地域や家庭では、両親が生活費を稼ぐのに精一杯で子どもの面倒を見られないとか、子どもたちの集まりがギャングもどきのものになってしまう可能性はむろんあるでしょうね。

小幡　富だけの差ではなくて、それが本質的な差になってつながっている。そんな印象があるのですが。

神谷　アメリカの人々の生活がすべてうまく行っているというわけではありません。小幡さんが指摘されるように、うまく行っていない部分も数多くあります。

小幡　実は、このあたりは日本もすごく似てきたなと思っています。東京の中でも割と裕福な地域や家庭では、多くが子どもに中学受験をさせています。

昔は、公立学校に行かせる理由として、裕福な家庭の子女だけが集まる私立学校は、偏《かたよ》った社会で教育的によくない、普通の幅広い人々が集まる社会である、あるいはその縮図である、公立学校にあえて行かせたい、というのが多かった。ところが、今は、教育に関心があって、お金があれば、ほとんど全員が、私立に行かせようとする。結果的に、公立に来る子どもたちの両親の中には、子どもの教育に関心がない人たちが増えてきている、という問題が生じています。これでは、バランスの取れた社会を子どもたちに見せることはできない。

両親が異常に子どもに関心のある場合も歪《ゆが》んだ社会となります。結果として、公立も私立も、どこも変な社会が、学校の中で実現してしまっている。もちろん、個別にがんばっている学校はたくさんありますが。

しかし、これも、今後、改善してくるのではないか。今後は、金銭的なものの価値はどんどん下がってくる。そうすると価値のあるものは人間であり、社会です。そして、資産をどこに投資しておくか、資産防衛という観点でも、教育投資が一番ということになる。子どもにお金を残すよりも、素晴らしい教育を受けさせておきたい。最後に信頼できるのは、自分自身だけですから。そこに価値を凝縮させておきたい。やはり「教育投資」、自己投資も含めて、これが最も重要であることに変わりはありません。どんなに収入が低くなっても、エンゲル係数みたいに、「教育投資係数」は高くなっていくと思います。それを受けて、政府も景気対策に金を使うよりも、景気がよくならなくても、教育だけはよくしよう、ということになるかもしれません。これまでは、政府財政の都合だけで、教育支出を減らしてきたわけですが、この大転換が起きると期待しています。

新しい社会の形成には時間が必要

神谷　小幡さんの今のお考えは、先ほど私が話したルネサンスと深く関わりがあると思いますね。繁栄を謳歌していたフィレンツェは、ペストなどの伝染病によって人口が半減してしまうわけですが、それがルネサンスによって蘇《よみがえ》った歴史を見てみると、やはりルネサンスは何もないところから起こったわけではなく、起こるための「土と水と光」とが準備されていたことは間違いありません。

現在のような、つるべ落としに経済が悪化していく時代にこそ、ルネサンスを生み出す「土と水と光」を準備しなければいけない、ということです。

では、具体的にルネサンスを生み出した「土と水と光」とは何か。塩野さんの話を参考にすれば、政治のシステムとしては、一つには税金の集め方と使い方だと思います。税制をどう確立させていくのか。ここに公平感が醸成されないと、正しい税の取り立て、正しい税の使い方が実行できない。ルネサンスでは、それがうまくいったわけです。

そして、もう一つは通貨改革ですが、これは信用のある金融制度と置き換えてもいいかもしれません。ルネサンスの時代は、金の純度を上げましたが、現代では信頼できる金融システムの確立が不可欠です。

政治のシステム以外のものでは、芸術と科学の振興があります。小幡さんがおっしゃった教育投資がこれに該当するものだと思います。ルネサンスでは、地方都市に大学が設立されましたが、教育への投資は、現代における「土と水と光」の一つだと思います。

もっとも、すぐにはルネサンスは起こりません。何年かの「懐妊期間」が必要です。中世のルネサンスのように、聖フランチェスコが生まれたのが１１８１年で、ルネサンスが起こるのは１５００年から１６００年にかけてですから、数百年単位の懐妊期間が当時は必要だったわけです。

ただ当時と現在とはスピードが違うから、その期間はもっと短くなるでしょう。いずれにしても新しい社会を築くためには、やはり何年、何十年という単位の時間は必要だと思うんです。

そう考えると、私は現在55歳。新しいルネサンスを生む「土と水と光」を準備するのが私たちの世代の責任だなって思うわけです。でも、そこから実際のルネサンスを呼び起こすのは小幡先生や先生のお弟子さんたちの世代だと思います。

小幡　それは責任重大です。

（p. 151）

＊25　**ハロッド・ドーマー・モデル**…経済成長理論の一種で、ハロッドとドーマーにより１９３０年代から40年代にかけて発表された経済理論モデル。

PART 5
生き残るための条件

1946（昭和21）年2月5日、東京・新橋駅前にできた闇市の風景。終戦後、深刻な食糧・モノ不足と大インフレの時代、食料や衣料などを求め人々が群がる。
写真提供：共同通信社

日本人は世界標準で働けるか?

神谷 私の会社(ロバーツ・ミタニLLC)では、日本でも求人をしています。うちは固定給がなく、3割を会社に入れて7割は社員の取り分になるのですが、希望者は少ないですね。やはり固定給が欲しいという人が多い。

中には大手銀行や外資系証券会社を辞めてうちに来る人もいます。ただ、うちの仕事のやり方を理解してはくれても、実際に働いてくれる人は非常に少ないですね。

小幡 日本の大手銀行の場合、個人では優秀な人がたくさんいると思います。その人が、神谷さんと同じ立場になったときに、ニューヨークへ行って自分でやるという人もいるでしょうが、東京でブティック系の小さな投資銀行をやりたい、という人もいるわけですよね。独立して、東京でやれる可能性はあるのでしょうか?

神谷 あると思いますよ。

小幡 それがあまり出てこないのは、やはりチャンスがないということですか。

神谷 それはよく分からないな。

小幡　大企業がグループで固めてしまっていて、入る余地がないということでしょうか。

神谷　それはないと思いますね。もしそうなら、私も入り込めなくなる。

小幡　独立した神谷さんが成功した要因とは何ですか？

神谷　私の会社には、競争相手がいないんですよ、日本でもアメリカでも。それは私の仕事のやり方、考え方が他の誰とも違うからです。コンサルタント業務ではマッキンゼーと同じことをやっています、あるいは投資銀行業務でゴールドマンと同じことをやっています、というのであれば、どっちにしようかな、ということで選択の対象になってしまう。

しかし、うちは「証券会社」と「コンサルティングファーム」、そして「商社」という3つの機能を持っていて、顧客のためにそれらを総動員します。顧客の悩みをまず聞いて、その悩みを生んでいる理由を診断し、それに対して処方箋を書く。そして、処方箋に沿って実行して、実行した後もきちんと見守る。

ロバーツ・ミタニLLCは、そういう投資銀行です。こういう仕事の仕方、考え方をする会社が他にいないので、ライバルは存在しません。私たちにしかできない仕事をしているわけですから。

ふつう、コンサルタントはコンサルタントでしかありません。何をしたらよいのかを進言するが、それを取引としておこすのではない。投資銀行は、顧客に対して「やりたいことを決めてから来てください」ということで、何をやったらよいのか、その相談事はまずコンサルティング会社に相談してきてくださいと仕事を振る。また買収なら買収で取引を終えたらそれで彼らの仕事は完成で、その後は野となれ山となれ知ったことではない、という感じです。

商社はやはり基本的には自社の関係会社の中で商品が動くようにし、口銭《こうせん》を稼ぐことが主で、本当に経営に関与し、資金調達を斡旋《あっせん》したりすることはできない。しかし、私たちは、顧客のために、最初から最後まで全部一貫して行うというファンクションを持っているんです。

それは、強《し》いていえば、昔のロンドンにあった東インド会社と取引していたマーチャント・バンカーの役割に似ています。もしくは、もっとさかのぼれば、メディチ家の銀行に該当するかもしれません。日本では、メインバンクがあった時代の銀行に似ているでしょう。だから私は、ロバーツ・ミタニLLCが、かつて私がいた頃の住友銀行やゴールドマンのDNAをご本人たちよりも色濃く受け継いでいるのではないかと思っています。今では、彼らのほうが創業の精神や社訓から大きく変質してしまった。

それを考えれば、日本の若い銀行員が、うちの会社に移ってやっていけるのか、というとむずかしいかもしれませんね。これまで出会った中で、何人かは、この人だったら大丈夫だろうと思う人もいましたが、せいぜい片手で数えられるぐらいです。一般論として、誰でもうちの会社のような仕事ができるだろうとは思わない。ただニューヨークでは、そういう仕事をできる人はゴマンといます。基本的にそういう教育をされて育った人たちがいますからね。

小幡　それは学校での教育でしょうか。それとも社会による教育や家庭教育でしょうか？

神谷　両方でしょうね。教育論になってしまうかもしれないけれど、アメリカでは、高校を卒業した段階で、親が子どもを育て、教育を与えるのは基本的に終了です。高校を出るまでは通常親元で育ち、大学に入ると子どもたちは全員寮に入ります。そこで子は親離れ、親は子離れをするわけです。

大学は、社会に出るまでのフライング・レッスンをする場です。キャンパスという狭い範囲ではありますが、その中で〝離陸〟の練習をするわけです。屋根に落っこちたり、木にぶつかったりするようなことがあっても、親は手を出してはいけません。だから、日本のように大学が終わって社会に出て、そのままパラサイトシングルになるなどありえないですね。やはり自分で食べていかないと、親も許しません。

それが日本人の子とアメリカ人の子の大きな違いで、アメリカと日本の社会的なシステムの違いがよく分かります。実際に、子どもを育て上げてみると一番感じるところですね。加えてコンサルタントから投資銀行家になったとか、弁護士から投資銀行家になったとかキャリア・チェンジが普通に起こります。ですから、いろいろなことをこなせる人材になりえる。

日本人はアメリカ人より10歳幼い

小幡　先に触れた宗教学者の島田裕巳さんがよく「日本は世界最先端だ」といっています。いい意味でも悪い意味でも最先端で、今回の世界金融不動産バブル崩壊も、1990年代に20年早く済ませていたし、不良資産処理、公的資金注入、ゼロ金利、量的緩和と、すべて日本で起きたことが世界で起きています。

一方、社会の在り方としても、個人が社会から隔絶されていたり、その結果、犯罪や性犯罪はかなり屈折していたり、やはり、これも「世界最先端」です。そして、その原因は少子化から来ているのではないかと、彼は推測しています。高齢化、少子化のスピードは世界最先端ですからね。

神谷　日本の子どもは、みんなプリンス・アンド・プリンセスですからね。中国も相当らしいですが。

小幡　韓国の「プリンセス・シンドローム」もすごいらしいです。

神谷　実際に最近の若い人を雇ってみて思うことは、日本人はアメリカ人と比べると、10歳は幼い。日本人の35歳は、アメリカ人の25歳と思って使わないとフラストレーションを感じてしまいます。やはり精神的な成熟度、独立心、責任感など、日米では相当な格差があります。日本では、中には、いい年をした大人が何いってるんだ、というような人にも遭遇しますから（笑）。

小幡　どうしてなんでしょうか。日本人はみな概ねそうなんですか？

神谷　ただ、企業単位で見ていると、日本の中間管理職はしっかりしています。やはり社会のガバナンスの構造というのが相当違います。これはアメリカの企業と比べるよりも、韓国の企業と比べると顕著なのですが、日本企業は社内の起案書などは私ども外部のアドバイザーが書くのではなく、社内の中間管理職の方が書いて上に上げる。書く力を持っている。しかし韓国の中堅会社などでは、意思決定は社長レベルできちっと出るのだけれども、計画の詳細を説明した起案書をその下の中間管理層がなかなか書けない。そこで社内起案書を書くことまで外部のアドバイザーに回ってくる。トップ層は十分優秀だが、中間管理職層はまだ十分に育っていないという印象を持っています。

ファッションセンスの優れた日本の若者

小幡　僕は日本の若者は、かなり見どころがあると思っているんですよ。ダメなのは、僕ら、バブル世代かな。

神谷　そうですか。

小幡　20代前半の若者たちは、バブルをまったく知らない世代です。彼らにとっては、景気は常に悪いもの。物心ついたときから、好景気を見たことがありません。ですから、終身雇用も期待しないし、首を切られても、何も驚きません。

神谷　免許証を取ることができても、車を欲しいとは思わない世代ですね。

小幡　変な話ですが、銀座のクラブでも学費を稼ぐために働いている女性が多いんです。

神谷　くわしいですね。

小幡　テレビ番組の取材で行ったんですが、ビジネススクールを目指して働いている大学生に会ったんです。親に出してもらえないのか、と訊くと、親に出させるわけにはいかないから、親に内緒で貯めているというんです。すごいですよね。僕らの世代は、永遠のすねかじりで、40になってもすねをかじっている。やっぱり彼らは、偉いし、見どころがある若者は多いと思います。

彼らは、能力も高いと思うんです。たとえば、今の日本の若者のファッションは世界レベルで、東京ファッションは、ニューヨークよりもパリよりも前衛的です。無名の若者たちが、ジーンズなどのデザインで世界的に有名になる。ブランドではなく、Tシャツや普通のものを鋭くデザインし、世界をうならせている。これも、彼らが、既存のブランドや権威と無縁で、自分の感覚で勝負してきた結果だと思うんです。

神谷　ブランドものは、昔、日本のマーケットが世界全体の4〜6割のシェアを占めていましたが、ここ数年で、一気に10パーセントに縮んでしまいました。

小幡　それは、日本以外の世界がバブルだったせいですね。だからこそ、バブルのブランドではなく、実力勝負、本当にかっこいいものが育ってきたのだと思うんです。日本の才能は、パリコレとかそういう権威とはまったく関係のないところで発信しています。彼らはすごいセンスを持っていると思います。

神谷　バリューを感じるものが、これまでのフランス、イタリアに限られていたところから、完璧に意識が変わっているということでしょうか。

小幡　結果としてそうなってきていますね。フランス、イタリア、そのものがブランドだから、日本発なら、着物とか、そういうエキゾチック性で勝負するのでなければ、他よりもびっくりするほど、本当にいいものでないと注目されない。それがいいのだと思います。日本の無名のデザイナーたちは（今はもはや無名ではないのですが）、安くて本当にいいものを創造しています。すごくいい感じです、若者は。そして、東京育ちよりも、違うところのほうがいい。福岡とか岡山とか。

神谷　パリの女の子も高級ブランド品は使わないけれど、かっこいいですよ。自分の予算の中で、それをうまく着こなすというか、そのセンスがいい。

小幡　くわしいですね。

　こういった現象を見ると、日本も捨てたものじゃない、と思いますね。意外と社会の自浄作用が働いているというか、自然に求めていたものが出てきていると感じます。いい傾向だと思います。

神谷　小幡さんがおっしゃるように、感性を磨く方向に人が動いていったら、非常に心強いと思います。たとえば、現在でもフィレンツェの街へ行くと、すべての芸術作品というのは基本的に教会の中にあることが分かります。そこでは、信仰と芸術とが一体化したものとして完成されているのです。

信仰といって違和感があれば、思想や哲学と言い換えてもいい。それらと芸術とがヨーロッパではうまく融合しています。絵画や音楽といった芸術は、思想や信仰から独立しては存在し得ないんですね。

そういう意味でいえば、自分たちの思想や信仰といったものに立ち返って考える中から、新たな芸術が生まれてくるのだと思います。そういうときにこそ、ルネサンスが起こってくるわけです。「人間復興」が起こってくるということですね。小幡さんが評価していらっしゃる若い世代の人々に、もしそういった動きがあるとするなら、それは非常に勇気づけられるというか、希望を持てる話だと思います。

小幡　そうですね。ブランドの対極にある、渋谷などを舞台にした若者向けのファッションから生まれてきたデザイナーが作るジーンズなどが、世界で注目されている。パリやニューヨークにも進出しつつあります。

こういう動きを見ていると、日本全体が感性を社会的に磨きつつあって、それはすごく未来に対して夢を持てることだと思います。ただ、その背後にある、思想については、これまで、誰も意識して体系化していない。そこが危ういところで、突然、消滅してしまうのでは、という怖さもあります。

行員教育は財産だった

神谷　クール・ジャパンと呼ばれるデザインには、当然ベースとなるアーカイブがあると思います。特に、日本が持っている芸術のアーカイブにはすごくいいものがあるはずですね。イタリアもすごいけれど、日本にも、イタリアに負けないものがある。たとえば、着物の帯一つにしても、素晴らしいものがありますよね。

ただ、それをビジネスに結びつける点で、あまりうまくいっていない。自分たちの精神、自分たちのルーツといったものを辿っていくと、そこにはとてつもない財産があると思うのですが、それをほとんどといってよいほど活《い》かせていない。とても残念なのです。

小幡　とてつもない財産を、日本人自身があまり認識していない。

神谷　そうですね、自分たちの持っているものの価値を、きちんと認識することが大切。それがすべての出発点だと思っています。

たとえば、私がいた頃の住友銀行では、お客様に対してきちんとした応対ができるよう、銀行が補助金まで出して、窓口担当の女性行員にお茶やお花のお稽古《けいこ》をやらせていました。お師匠さんが、「あなた、それじゃお嫁に行けませんよ」という具合に、厳しく叱ることを通して、礼儀にかなった身のこなし、言葉遣い、おもてなしの心といったものを養っていったのです。

それがいつの間にか、コストカットの掛け声の下、窓口は全員が派遣の人になってしまいました。余分なことに、お金は一切かけなくなってしまったんです。その結果、おもてなしの心はどこかへ行ってしまいました。これは、自分たちの精神を支えていたものを大事にしなくなった証拠です。

小幡　そういったところにお金をかけることは、けっしてムダではないということですね。

神谷　そうです。もともと日本人にはきちんとした価値観がありました。それが小泉・竹中の時代に勝ち組、負け組というような、お金で人を評価する価値観の転換があって、今までの古い日本のよき価値観が否定されてしまったのだと思います。

自分たちはどこから来たのか、もともと正しく持っていた価値観とは何だったのか。現在は、そうした元の価値観に戻るチャンスです。たとえば、２００８年の１月に大田弘子前経済財政政策担当大臣が「日本は『経済は一流』と呼ばれる状況ではなくなった」という発言を残念そうにしていましたが、何をもって経済が一流だというのか。ＧＤＰの成長率なのか、ＧＤＰの大きさなのか。彼女はそれについてきちんと定義づけをしていません。私にいわせれば、ＧＤＰ自体が幻想なんですよ。

その幻想を正しいものと信じ込み、それに基づいて政府のリーダーが発言している。そこに日本の問題があるのです。日本人が古来持っていた価値観や倫理観、人生哲学がなかったならば、戦後の急激な復興は、ありえなかったと思います。アメリカ軍が占領したイラクみたいに、国民どうしで互いに殺戮《さつりく》行為を繰り広げていたかもしれない。まったく違った歴史があったかもしれないのです。

日本は戦後奇跡的な復興をしました。しかしその復興を成し遂げた日本人の価値観では、お金の話をすることはむしろ「はしたない」ことに属し、闇屋など汚いことをしてのし上がった成金は、人格的にはむしろ軽蔑の対象となった。戦後黙々と働いた人の心には、戦争でなくなった家族や友人に対して自分だけが生き延びたことを申し訳ないというような気持ちさえあって、その気持ちを働くことに表したのではないでしょうか。そうした、健気《けなげ》とさえいえる感情や、意識、価値観をむしろ「負け組」と称し嘲笑《あざわら》った人々の罪は非常に重いと私は考えます。

自分の頭で考えるしかない

神谷　現在の日本の姿は、ルネサンスにたとえるならば、キリスト教信者が当時のカトリックの教会に疑うことなく従う子羊でしかなかった状態といえるかもしれません。教会に替えて、ＧＤＰを大きくするとか、企業収益を大きくするとか、すべてお金だけで測れる成長を善とする信仰です。言い換えると永遠に満足するということを知らない「強欲資本主義」。ルネサンスでは、大きな変革を契機として、みんながただ追従的に教会に従うことをやめ、自分の目で見て、自分の心で感じ、自分の頭で考えることにより、新しい出発をすることができました。

最近の日本というのは、特に金融立国が叫ばれるようになってから、ウォール街型強欲資本主義に追従してきたといえます。会社は増収増益、国はＧＤＰを伸ばす。全員がそのために家族や地域社会でのつながり等、お金では買うことのできない価値あるものを犠牲にして邁進《まいしん》してきました。

しかし、これからは、何が何でも会社を大きくしなきゃいけないとか、GDPを伸ばさなきゃいけない、といったことに対して疑問を抱き「それは何のため」という根源的な問いを発し続けなくてはいけない時期だと思うんです。大きいことを目指したシティグループ、リーマン・ブラザーズ、AIG、ファニーメイやフレディマック、GMなど、みなつぶれたか、つぶれていっているのです。最早教師にはなれない。大きくなることの先にあるのは大恐慌を呼ぶような大破綻だったのです。

すべてを破壊しつくしてしまうような今回の経済危機が、人それぞれに、自分の目で見て、自分の心で感じ、考え直すチャンスをくれたのだと私は思います。何が自分の考えなのかを明確にして、どこに価値を置くべきなのかを真剣に考える。そんなチャンスが訪れたと考えるべきです。今こそ、キャンサー・キャピタリズムや強欲資本主義の呪縛から解き放たれるチャンスなんだ、ということです。

そして、最も大切なことは、これから私たちがやらなければいけない作業とは壊れた社会を直すのではなく、新しく作る作業だということです。お手本はありません。お手本は自分たちで考えて作るものです。これまでの資本主義の一つの形が崩壊したからといって、その解決を共産主義に転向することというのは、われわれは受け入れられない。共産主義のほうが、先に崩壊したのであり、その復活は考えられない。だから新しい資本主義を構築しなければならないのです。一方、新しい経済体制を構築する大前提として、人間の尊厳こそ社会の中心に位置づけるという価値観を復興させないといけない。そうしないと正しい作業をはじめられない。だからここで新たなルネサンス、人間復興という大運動を起こさなければならない。私はそんな風に考えています。

小幡　それは誰がリーダーシップをとればいいのでしょうか。政治家や政府は、景気刺激にしか興味はないようですし。

神谷　今の景気刺激策は、単純に壊れたものを修復しようというような試みでしかありません。それではダメです。

画家で文筆家の堀文子さんは、人間は木を倒し、コンクリートの建物をどんどん建てて自然を破壊し、さらにはわれわれの文化的な共有財産である言葉についても、謙譲語や丁寧語といった素晴らしい文化があったのに全部壊してしまった、と嘆いていました。今、ここで全部壊れて、やっぱりおかしかったのだ、だから壊れたんだ、ということが納得できるかもしれない。とはいえ、全部壊れたときにはどんなことになっているか。もしかしたら、失業率は25パーセントを超えることになるかもしれません。

新しい世の中を作るには、そんな状況にも耐えなければならない。為政者の側にしても、ただ声高に「我慢してください」では人々はついてきません。たとえば、大阪府の橋下府知事は「このまま財政赤字を放置していたら府は破綻してしまう。どうか協力してください」と府民に対して正面から訴えました。こうして情報をきちんと公開するなど、説明責任を果たした上で、真摯《しんし》に訴える必要があるのです。

小幡　ただ、財政を何とかしよう、というのは、明確でコンセンサスも得られると思いますが、社会の新しい形となると、みんなで考えないといけない。しかも、それが見つかるかどうか、いつになるか分からない。苦しいです。産みの苦しみに耐えられるでしょうか。

神谷　日本人は、耐えがたきを耐え、忍びがたきを忍べる国民です。そこから、もう一度、自分たちが次のモデルを考えなければならない。たとえば、高度成長ということにしても、富を追求した結果の高度経済成長ではなく、もっと精神的な充実感を求めるものになるべきです。たとえば幸福指数の上昇といった観点からの高度成長を目指していくべきなのです。

そして、特にいいたいのは、そういう意識革命は国民一人ひとりの責任であり、天から与えられるものではないということです。最近、よく「経済危機が深刻化する中で、われわれはどうすればいいんですか」という質問を受けます。それに対して私は、「それは自分の行動範囲内で、自分の頭で考えてください」と答えるようにしています。自分自身ががんばらなくては、この国はもうどうにもならないんだ、ということを認識しなければならないのです。

小幡　誰かが答えを与えてくれるのではなくて、やはり私たち一人ひとりが考えていかなければならない問題ということでしょうか。

神谷　そうだと思います。私は今回の経済危機は、日本にとって太平洋戦争の敗戦に勝るとも劣らないインパクトを与えると思っています。国が焦土《しょうど》と化すように、一つのシステムが全部壊れて、このままゴロゴロッと転がっていくはずです。これは３、４年で解決できる次元のものではない。本当の意味で立ち直るには、かなりの年数を要するでしょう。

中世ヨーロッパでいうと、フランチェスコの種まきの時代からミケランジェロの全盛まで、２００年ぐらいかかりました。「ドッグイヤー」という言葉がありますが、現代のスピードだと、ひょっとしたら10年、20年の単位かもしれません。社会のシステムがすべて壊れてしまったのだから、その間に、全部新しいものを作らなくてはならない。ルネサンスは明日起こそうと思って起こせるものではない。その前にルネサンスを生み出すのに必要だった「土と水と光」に該当するものを準備しなければならないわけです。

そう考えると、大変な長い道のりをこれから歩まなければいけないことが分かります。オバマ大統領がいうように、これから歩むべき道というのは誰かが与えてくれるものではありません。誰かが新しいセットを準備してくれるわけでもありません。それらを、産業は産業、企業は企業の中で独自に作らなければいけないし、個人は個人で、国は国で作っていかなければならないのです。

そのとき、日本人はどんな価値観をもって仕事をはじめるのか。何を基準にするのかが問われます。ところが、今の日本の政治家は、首相を筆頭にまったくそういうビジョンを描こうとしません。これまでと同じ経済システムの中で、財政＝お金を使うことしか能がないのです。

だから、なおさら、一人ひとりが、自分の心に問いかけ、自分の頭で考えるしかないのです。個人の理想が集約する形で社会の運動となり、自分たちの国は今度はこう作ろうよ、ということになればいい。自然環境も整えたいし、それにも増して「社会環境」を整えたい。そして、それを支えるための政治や経済のシステムが、自分たちによって形成された価値観によって設計されていく。そういうプロセスが日本を復興させていくのだと思います。

求められるのは「社会環境」の整備

小幡　今、神谷さんがおっしゃられた社会環境の整備とはどんなもののことでしょうか。

神谷　社会環境というのは、人々のつながりであるとか、家族の愛情であるとか、コミュニティであるとか、今までまさに失っていたものすべての再建を意味すると思います。よい社会環境とは、一言で「共感のある社会」といえるかもしれません。そして「共感」とはお互いに思いやることができること、互いの立場を理解し合うこと、そういう人間関係が社会全体に成立することといえるかもしれませんね。

　日本で自殺する人や、孤独死する老人が一人もいなくなるとき。そんなものを目標とするとよいかもしれません。われわれの誰もが望んでいる社会とは、勝ち組と負け組に国民を分けるような社会ではなく、ここに述べた共感のある社会ではないですか。

小幡　共感のある社会の成立に必要な社会基盤、それが社会環境でしょうか。

神谷　たとえば、どんな時代になっても必要なものはたくさんあります。たとえば医療は、人間が産み落ちたところから、ずっと継続して必要なものです。教育以上に大事な国家の資産となるものはないと思います。自然環境と社会環境をどう整えていくのか、ということも、同じように、いつの時代にも必要なものとして突き詰めていかねばならない問題です。自然環境だけを重視してもダメで、これから社会環境の整備も重要産業の一つになっていくと思います。

小幡　自然環境、社会環境というまとめ方がすばらしいですね。社会環境という言葉が、これからの新しい時代のキーワードになるはずです。

神谷　社会環境の整備について、私にヒントをくれたのは高校の同級生の干場君という建築家です。建造物をデザインする上で、これからは社会環境が重視される時代になる、と彼はいいます。

小幡　建築家はデザイナーですよね、やはりデザインを意識することが、今、必要で、そういう意識のある人たちからヒントが得られるんですね。

神谷　彼が私の講演を聴いた後、「今日、ミタニが話していたことというのは『社会環境』ということだよな」と教えてくれたことから、私はこの言葉に対して気づきを得ました。

これまで、公害があってはいけないなど、自然環境については多くのことが指摘されてきたのですが、社会全体を守るための社会環境については、あまりにも忘れられた概念になってしまっていたと思います。

小幡　今後は、社会環境という分野が成立し、まったく新しいカテゴリーの大きな産業が出現しそうですね。

神谷　社会環境は、交通システムの在り方、町の作り方、といった具合に、さまざまな分野に派生していくと思います。街の中のどこに広場を作ればいいのか、教会や子どもの遊び場はどうしたらいいのか、子どもたちの剣道や柔道の練習所でもある警察署をどこに置くのか、交番の仕事の在り方は、等々きちんと考えられなければいけない。

　むろん、エネルギーの使い方も工夫されないといけない。単に、排出ガスを減らすことを考えるのではなく、歴史を振り返ってみたり、ヨーロッパの人はどういう街づくりをして、どんな形でキープしているのか――社会環境のアーキテクト（設計）をするにはそこまで考えていく必要がありますね。

伝統を継承する国家や企業が生き残る

小幡　今は、誰に聞いても、中国の動向が世界の一番大きな関心になっているのですが、最近は、人権の問題や、民主主義でないことから来る社会の破綻など、さまざまな批判がなされています。しかし、私は、みなが思うよりは、中国はうまくやっていくと思います。

なぜなら、僕は中国というのは、ウルトラエリートが指導者層に来るシステムが、世界一整っている国だと思っているからです。

中国にはブッシュは出てこないし、麻生も出てきません。日米は民主主義なだけに、リーダー選びに関しては弱い面もあって、時々失敗してしまう。その点、中国はリーダーにふさわしい人間をきっちりと選んできます。一番優秀な人が共産党幹部になるわけで、危機管理に対しても強いと思うんですね。その反面、全体主義で、社会の基盤が弱いため、脆弱な部分も当然あります。素晴らしい政治リーダーがいることで、何とか凌《しの》ぎきると思います。だから、みんながいうほど、私は中国に対して政治的にも悲観的にはなっていません。

神谷　中国については、私はまったくの無知です。

小幡　外交は非常にうまいですよね。したたかですし、立ち回りもうまい。景気対策として４兆元（57兆円）の経済対策をやるといったときは、各国首脳は絶賛です。一方で、日本は他人の国にＩＭＦを通じて10兆円贈与するといって無視されていた。

中国は、自分の国のために57兆円使うといったのに、みんなに絶賛されたわけで、意味が分からないですよね（笑）。

中国のロジックは、最大の国際貢献は国内のＧＤＰ８パーセント成長を実現すること。だから、それに集中します。財政出動をたくさんやります、ということです。でも、それは国際貢献でも何でもなくて、国内対策をやっているだけですよね。しかも、景気のためというよりは、８パーセント成長しないと、地方の人々や出稼ぎの人々の暴動が起きて政権が転覆するおそれがあるので、それを防止するために、財政出動しているだけのことですからね。

一方、中国の致命的な欠陥は、これまでの伝統、文化がすでに何度も途絶えてしまっているところです。中国は近代に入ってからでも、共産党革命で断絶して、その後、文化大革命でも断絶している。その都度文化の断絶を徹底的に、しかも、意図的に行って、現在に至っています。これは、社会としては最悪です。これまでは経済がよかったこともあって、社会のつながりのなさ、深みのなさが表面化しませんでしたが、いったん社会が揺らぎはじめると、文化の喪失からくる社会の脆弱性が露呈し、中国は大混乱に陥る可能性があります。
中国には悠久の歴史があるのに、現代社会からはそれを感じない。繰り返し文化を断絶させたために、もう文化として成立しえない状況になっているかもしれない。文化のない社会なんて、本来ありえないので、危険すぎる社会なのです。

神谷　3月に『強欲資本主義　ウォール街の自爆』の中国語版が出版されました。この対談も中国で出したいというお話を頂戴《ちょうだい》しています。われわれの先祖は論語や漢詩など中国から輸入一方でしたが、これから小幡先生とも一緒に日本から脱強欲資本主義、脱キャンサー・キャピタリズムの思想を中国に輸出しましょうよ。

小幡　それは素晴らしい。中国も本物の知識に貪欲ということですか。私は、中国の文化への意欲を過小評価しすぎかもしれません。では、日本が世界の文化をリードすれば、中国もついてくる可能性がありますね。日本はよくも悪くも、ずっと文化が歴史的につながって来ましたよね。明治維新でも、第二次世界大戦での敗戦でも、文化を守り続けてきた。たしかに現在の日本政府は、ビジョンもないし、形にするのも苦手だけれど、文化的には、ずっと何かが続いている。日本人が古来持っていた価値観や倫理観、ある意味で世界に冠たる立派な人生哲学みたいなものが、人々の間に脈々と受け継がれていて、それが、文化、社会として血肉となっていると思うのです。

神戸大震災のときに、私はボストンにいたのですが、ニューヨーク・タイムズにこんな記事が載っていました。

「日本では阪神・淡路大震災が起きて大混乱だ。しかし日本はすごい」と書いてありました。大地震でみんな家が倒壊して、路頭に迷い、水と食料を求めて流浪している。しかし、そんな状況にもかかわらず、味噌汁とおにぎりの配給所で、なんとそこで行列をきちんと作って待っている。それどころか、後ろの人が足りなくなったら、譲り合って、自分のぶんを後ろの人に分けているというのです。「何だ、この国は」と驚いていました。

読んでいてうれしくなりましたし、誇りに思いましたね。ちょうどアメリカにいたからというのもありますが。

僕が今回の経済危機で考えたことは、日本人はそういう日本の伝統として持っている文化的拠りどころや基本精神のようなものを思い出すべきだということです。

神谷　それは企業も同じですね。パナソニックに、あと1年半で定年退職になるという私の友人がいるのですが、彼が入社した当時はまだ、松下幸之助さんが現役でいらしたそうです。松下さんと食事を一緒にする機会もあったといいます。その頃は、まさに会社中が愛社精神であふれていて、「自分たちはこの会社に食べさせてもらっている」という実感があったのが、今は〝普通の会社〟になってしまった、と嘆いていました。

それから、こんな話も聞きました。トヨタという企業は、豊田佐吉による自動織機の発明・製造にはじまり、次に自動車の時代がはじまった。住宅産業もはじめた。その後、この自動車が売れすぎてしまったため、本来であれば「次の核になる事業をどうするか」ということが議論されなければならなかったにもかかわらず、そのまま自動車の時代が長きにわたって続いてしまった。豊田家というのは、本来は一代で何か一つ、次の新しいものをはじめなければいけなかった、というわけです。

トヨタの社員の間には、豊田家という本流の発想はすごい、という考え方があります。同様にパナソニックも、松下幸之助さんがいた頃は、やはり「すごかった」と社員が思っている。両社とも、創業者の精神に今一度立ち返るときに来ているのだと思います。

こういったことを考えると、これからの厳しい時代、伝統がきちんと継承されていく企業や国家こそが生き残ることができるのだと思います。

エピローグ

この企画は、神谷さんの「そんなのつまらない。読者は、次に何が起こるかが知りたいんだ」という強い意見で、対談の方向性を大転換して幕を開けました。

神谷さんも私も、昨年（２００８年）の夏あるいは秋に、今回の金融危機について分析し、これまでの資本主義について批判した著作を発表しました。その縁で、今回、二人で対談することになったのです。編集部の企画では、今回の金融危機を振り返り、もう一度危機のメカニズムを解き明かすことから始まる予定でした。

私も、神谷さんの『強欲資本主義　ウォール街の自爆』及び彼のネットでの連載記事を読んでいましたから、神谷さんの分析は分かっていましたし、私の分析とも整合的で、ほとんど意見は一緒だと予測できました。そして、読者が、次に何が起こるのか、金融市場、経済そして世の中は一体どうなってしまうのか、それをまさに知りたいと思っているはずだ、ということにまったく同感でした。

＊

私自身、金融資本主義の終わりを、前著で宣言してしまっていただけに、いろんなところで、じゃあ次はどうなるんだ、資本主義の次は何なんだ、という質問を浴びせられていました。ときには、終わりだ終わりだと騒いでいるだけで、お前も、世紀末だと常に騒ぎ立てている、よくいる評論家の一人にすぎないだろ、という非難を受けることもありました。

たしかに、資本主義は終わるはずはない、また同じことが繰り返されるのだ、というのが、主流のエコノミストの意見でした。そして何より、私自身が、本の中で、バブルは永遠、常にバブルは起こる、といっているので、「なぜ、資本主義が終わるんだ、いっていることが矛盾している」、という批判を多く受けていました。

私は、それらの疑問、反論に答える必要がありましたし、答える機会を得たいと思っていたのです。ですから、金融危機の分析はもう終わりで、次に何が起こるかについての予測を世に問いたいという気持ちがあり、神谷さんの意見に全面的に賛成だったのです。

そして、何より、もう分かっていることを改めて議論することは、退屈だったのです。それが、直ちに、次に何が起こるのか、世界がどうなるのか、ど真ん中をストレートに議論したい一番の理由でした。神谷さんの意見を聞きたい、ぶつけてみたい。そういう思いでした。

＊

あの神谷さんが、ウォールストリートから、東京にやってきて、直接議論してくれる。それは、私にとって、エキサイティングな出来事でした。そこで、過去の話をしていてもつまらない。それに、意見はほぼ同じだったので、お互いに、そのとおりですね、と言い合う対談はもったいない気がしたのです。せっかくの神谷さんだから、もっとエキサイティングな機会にしたい。議論をぶつけ合う中で、混沌が生まれ、反発し合い、そして、新しいものが生み出される。そんな対談にしてみたかったのです。

もちろん、神谷さんとは初対面でした。そんな初対面の相手と意見をぶつけ合うなど、対談の企画としては危険でした。

しかし、危険だからこそおもしろいのであり、そして、何より、私は、ひそかに自信がありました。二人の意見は同じだ。だからこそ、信頼し合って、ぶつかり合い、その中での相違を議論する中で、本当に新しい、対談する前までは、自分でも考えなかったようなこと、そんなことを、勝手に自分がしゃべっているのではないか。何か、議論の中で成長する対談、そんな夢のような対談をひそかに期待していたのです。

＊

「実際、対談は成功だったか?」そう聞かれると、イエスとノー両方だ、と答えないといけません。「対談で、新しいものが生まれたか?」それに対する答えは、「イエス。びっくりするほど。」「そして、その新しいものの中身もとてもエキサイティングでした。」

じゃあ何か、不満なのか。何が、成功ではない、ノーなんだ? と聞かれるでしょう。

それは、次の本が書けなくなってしまうくらい、自分の蓄積、想像力を吐き出してしまったことです。もう、現時点では、私は抜け殻かもしれません。金融市場の話に限らず、経済全体について話が及んだどころか、話の過半が、政治、社会、文化、宗教について議論しています。その中身がおもしろかったかどうかは、そうですね、私の判断ではなく、読者のみなさんに評価してもらうべきものですね。ぜひ、みなさんのお話を聞かせてください。

対談の中での議論はあまりに大胆だったり、あまりにまっとうだったり、議論が百出するようなことばかりだと思います。ですから、ぜひ、みなさんの反論、反応が知りたい。それを元に次の本を書きたいと思っています。

小幡　績

神谷秀樹（みたにひでき）

1953年東京生まれ。早稲田大学政治経済学部卒業後、住友銀行入行。'84年、ゴールドマン・サックスに転職。以後ニューヨーク在住。'92年、現在のロバーツ・ミタニLLCを創業。著書に『さらば、強欲資本主義』（亜紀書房）、『強欲資本主義 ウォール街の自爆』（文春新書）などがある。

小幡績（おばたせき）

1967年千葉県生まれ。東京大学経済学部卒業後、大蔵省（現財務省）入省。退職後、一橋大学経済研究所専任講師を経て、現在、慶應義塾大学大学院経営管理研究科（慶應義塾大学ビジネススクール）准教授。ハーバード大学経済学博士（Ph.D.）。著書に『ネット株の心理学』（MYCOM新書）、『すべての経済はバブルに通じる』（光文社新書）がある。

世界《せかい》経済《けいざい》はこう変《か》わる

2009年5月20日初版1刷発行

著　者 ── 神谷秀樹　小幡績
発行者 ── 古谷俊勝
装　幀 ── アラン・チャン
印刷所 ── 萩原印刷
製本所 ── 関川製本
発行所 ── 株式会社光文社
東京都文京区音羽1-16-6(〒112-8011)
http://www.kobunsha.com/
電　話 ── 編集部03(5395)8289　書籍販売部03(5395)8113
業務部03(5395)8125
メール ── sinsyo@kobunsha.com

 ISBN 978-4-334-03505-1

光文社新書

049
非対称情報の経済学
スティグリッツと新しい経済学
藪下史郎

スティグリッツの経済学を直弟子がわかりやすく解説。なぜ市場主義は人を幸福にしないのか？　「非対称情報」という視点からの、まったく新しい経済の見方。

117
藤巻健史の実践・金融マーケット集中講義
藤巻健史

モルガン銀行で「伝説のディーラー」と呼ばれた著者が、社会人1、2年生向けに行った集中講義。為替の基礎からデリバティブまで――世界一簡単で使える教科書。

167
経済物理学《エコノフィジックス》の発見
高安秀樹

カオスやフラクタルという物理の理論が経済分析にも応用できることが証明され、新たな学問が誕生した。経済物理学の第一人者が、その最先端の研究成果を中間報告する。

254
行動経済学
経済は「感情」で動いている
友野典男

人は合理的である、とする伝統経済学の理論は本当か。現実の人の行動はもっと複雑ではないか。重要な提言と詳細な検証により新たな領域を築く行動経済学を、基礎から解説する。

363
すべての経済はバブルに通じる
小幡績

リターンを追求する投資家がリスクに殺到する以上、必ずバブルが起きる――新しいバブル「リスクテイクバブル」の正体とその影響を、学者であり個人投資家でもある著者が解明。

372
イスラム金融はなぜ強い
吉田悦章

崩壊寸前の欧米型金融システムを横目に、原油高を背景にして年々躍進を続けるイスラム金融。リアルな経済活動に根ざしているがゆえの強みについて、斯界の第一人者が考察する。

381
この金融政策が日本経済を救う
髙橋洋一

日本経済低迷の原因はサブプライムではない。金融政策の失敗のせいだ！　一見難解な金融政策について、経済学の基礎知識と実例を交えて解説。日本経済復活の道筋を示す。